その介護離職、おまちなさい

樋口恵子

潮新書

010

潮出版社

その介護離職、おまちなさい

目次

プロローグ

〈ながら〉介護、〈トモニ〉介護のすすめ

二十世紀に起こった寿命革命

日本人の平均寿命は男女とも八十歳を大幅に超え世界トップレベルです。他の先進国も長寿化がすすみ、人生一〇〇年時代とか一〇〇年ライフの研究ということばは、アメリカはじめ他の国からも聞かれるようになりました。

一〇〇年ライフは、戦前日本でよく言われた「人生五〇年」の倍増ですから、人生の〈単位〉がここまで変わる以上、個人、家族はもとより、国や社会全体がこれまでの設計を大幅に変更せざるを得ません。

それは大規模で複雑な革命といってよいほどの大仕事です。しかしこの仕事は、人間にとって基本的に喜ばしく、人間がその長い歴史の中で積み立ててきた正義の側に属します。こんな時代に生まれ合わせたことを喜び合いながら、苦労して取り組むに足る仕事です。本書のテーマ「介護離職をなくしていこう」は、一見、小さなテーマに見えますが、この一つのテーマは、長寿社会全体にかかわっています。それぞれの人生に重要な働くこと、社会参加が中心に据えられているからです。この問題の解決のために努力することは、長寿社会へ向けて全体が変革する道につながります。

二十世紀は戦争の世紀、科学技術の世紀だったとすると、二十一世紀は平和の世紀、長寿の世紀となる可能性があります。ぜひともそうしなければ、と心から願います。戦乱やテロの脅威が絶えない現状で、平和の構築はことばで言うほど簡単ではないでしょう。しかし、戦争で多くの命が失われる社会と、新しいシステム構築に知恵を絞り意識を改革する努力と、どちらが人間らしいでしょうか。どちらが人間として苦労のし甲斐があるでしょうか。

アメリカ、ハーバード大学の著名な人類学者ダニエル・リーバーマン教授は、過去数百万年よりもここ二五〇年で乳幼児（一歳未満）死亡率が一五～二〇％から一％未満に激減した、と述べています。平均寿命が延びるということは、生まれた赤ちゃんが無事に育つ比率がぐんと高くなるということでもあります。

まさに寿命革命こそ二十～二十一世紀の最大の革命です。

長寿のための絶対必要条件は二つ。まずは平和が続くこと。日本人の平均寿命が、ここ一〇〇年で最も短くなったのは、終戦時の一九四五（昭和二十）年です。沖縄で本土戦が戦われ、東京・大阪はじめ日本の都市の多くが空襲にさらされました。東京だけで約一〇万人の死者が出て、そして広島・長崎への原爆投下。沖縄本土戦。終戦になってから引揚げ、抑留で命を落とした人も多勢います。

この終戦の年は、五年ごとの国勢調査の年に当たっていましたが、さすがに大混乱の中で実施できませんでした。しかし勤勉な厚生省（当時）は可能な限りの資料からこの年の平均寿命をなんとか算出し、公式に記録されています。男子二三・五歳、女子三二・〇歳でした。唖然とする短さです。戦争は死の大量生産システムで、平和は長寿の源泉です。

長寿のためのもう一つの必要条件は生活水準の向上です。十分な食糧、安全な生活環境、医療・福祉を含めた社会保障の発達など、戦後日本は瓦礫の中から出発して僅か一三年後の昭和三十年代に今の医療保険、年金制度の基礎をつくりました。高度経済成長の余慶を受けて、医療保険に関してはほとんど世界トップの内容と言われます。二〇〇〇（平成十二）年からは介護保険もスタートしました。いずれも急激な高齢者増による財源難に直面していますが、私たちは日本でこのような制度をつくり上げてきたことに、もっと誇りをもってよいと思います。

長寿社会に向けて変わらなくては

こんなに寿命の長い社会の到来は、人類の歴史初の体験です。平和と豊かさの結実として大切に受け止め、その長所を伸ばし次の世代に伝えるのが一〇〇年ライフ初代の私たちの責任であり喜びです。と同時に、社会を構成する一人ひとりの人生の単位がほとんど倍増するのですから、家族、学校、企業など社会の重要な組織にも大きな影響を与えます。
その対策をたてずに、人生五〇～七〇年時代と同じような対応をしていたら、未来はもちろん現在さえ乗り切れません。あの進化論のダーウィンが言っています。

最も強い者が生き残るのではなく、
最も賢い者が生き延びるのでもない。
唯一生き残るのは、変化できる者である。

そうです。自己変革こそキーワードです。長寿に対応して個人も社会もよりよい自己変革が求められます。

課題は山ほどありますが、目前の急務はやはり介護です。これからは、高齢者の介護の需要が増える一方の大介護時代です。長寿化は世界中の先進国・中進国に共通した課題ですが、日本はそれに加えて、極端な少子化と、少子化の原因でもある大シングル社会（独身者社会）との相乗作用で、他の国よりはるかに深刻な介護者不足にぶつかります。

介護する人も、される人も自由と尊厳を

長寿はおめでたいことですが、その反面、どの世代にとっても介護リスクが高くなることでもあります。もう数年で、一番人口が多い、団塊の世代が七十五歳という介護リスクの高い年代に入ってきます。

一億総介護者というべき、大介護時代です。とくに介護する側にとって、介護はその人のその後の人生を左右する最大のライフイベントになりました。

介護には、「老老介護」「認認介護」「介護うつ」などと言われるように、暗いイメージがつきまといがちです。どうしたら、大介護時代を、介護する人も、される人も自分の精

神の自由と尊厳を失わず、自分の志と暮らしを失わず、前向きに生きていけるか、それを考えていきましょう。

それには、「ワーク」（仕事）／「ライフ」（日常生活）／「ケア」（介護）の三者のバランスが生涯にわたって取れていることが大切です。ライフステージによって、個性によって、そのバランスには時差があってもいいと思います。

何か一つのこと〈ばっかり〉で生きるのではなく、虹の七色にたとえて、「レインボー人生」です。仕事、子育て、介護、地域参加・市民参加、学習、趣味・スポーツ、友人、この七つをバランスをとって生きる。もちろん七項目は別の選び方もあり得ます。

レインボー人生

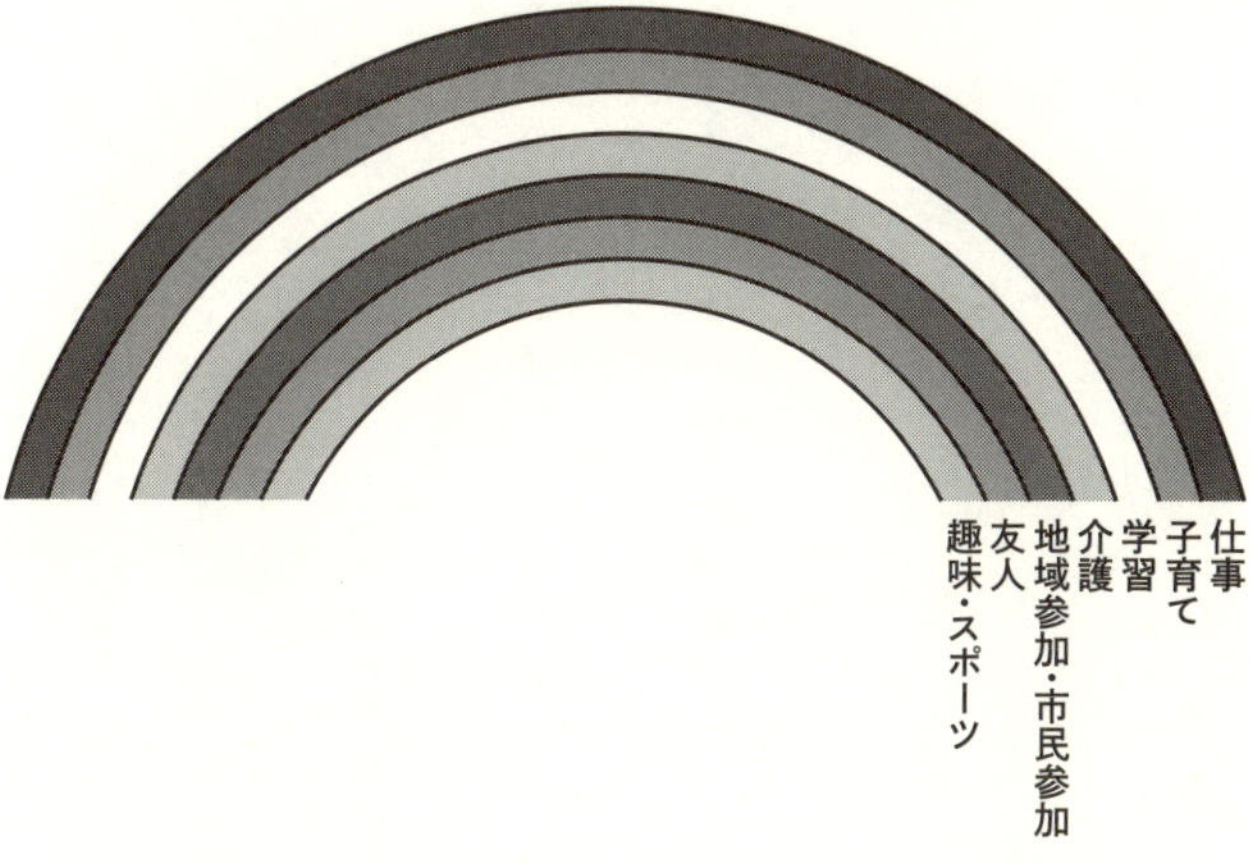

多様性が大切です。

この本では、介護について〈ながら〉介護という考え方を提案しますが、人生の中で介護＝ケアの部分が肥大している時期も、ご自分にとって大切なものは両立も三立もさせ、手放さないでいただきたいと、願っているからです。

「命短し、恋せよ乙女」という歌がありましたが、「命は長し、夢見よ中高年」とがんばっていきましょう。

近ごろ「がんばる」ということばは、あまりはやりません。「がんばって」と言われると、「こんなにがんばっているのに」と反発されたりします。でも、やっぱりここぞというときは、がんばらないと変化できません。長寿社会をともどもに、よりよく生きるためには、おたがい初代としてがんばるより仕方ありません。

介護離職四つの大罪

介護〈ばっかり〉人生は、「介護地獄」を生み出します。その中でも介護のために仕事を辞める「介護離職」はここ数年ようやく、大きな問題になってきました。介護をつくして看取った後には、まだ長い自分の人生が待っているのです。中年以降の再就職は難しい時代です。経済的に恵まれなくなるのは、目に見えています。介護が長期戦になると、介護中に経済的危機がやってきて、介護保険利用料の自己負担もままならず、お年寄りは十分な介護サービスが受けられない、という話も数多くあります。

①男性の介護離職が、今後大量に「貧乏じいさん」を生み出すことになるかもしれません。

②四十から五十代という、まさに会社にとって働き盛りの課長世代が、介護を理由に辞める傾向が拡がってきました。会社にとっては、それまでの研修費など、人的な投資が無駄になってしまいますから、大きな損失です。ご本人にとっても、厚生年金などの社会保険から外れてしまうので、老後の年金が少なくなる＝貧乏じいさんに直結します。

③日本の国全体にとっても、この世代は個人所得税そして社会保険料を最も多く負担しているので、その人たちが会社を辞めてしまえば、税収や社会保障費が減って困ることになります。

④中年世代の介護離職は、その下の世代にも影響を与えます。家計が困難になり、孫世代の進学が困難になって、ヤングケアラーと呼ばれる、進学や就職を犠牲にする若い世代に連鎖しかねません。

というわけで、働き盛りの人々が男女を問わず働き続けられるよう支援することは、長寿社会における重大な政策です。

男性も女性も介護を理由に仕事を辞めてはいけません。長い自分の老後人生のためにも、国や社会のためにもです。

専業主婦の方も狭い日本の家の中でお年寄りと四六時中顔を付き合わせていれば、介護うつになりかねません。それを見ている孫の世代にも、暗い思いが連鎖していくという例があるのです。介護されるお年寄りにとっても幸せな状況ではないでしょう。

仕事をし〈ながら〉、家事や生活を楽しみ〈ながら〉、人々とつきあい〈ながら〉、介護に取り組んでいく、そんなあり方を目指しましょう。

〈ながら〉介護のすすめ方

介護に必要な力は、一に情報力、二に人と人とのネットワーク力、そしてコミュニケーション力が三種の神器です。

まず、介護保険のサービスを十分利用できるよう情報を集めましょう。地域にも職場にも友人ネットワークを作りましょう。介護によって出会う人と新たな友人関係ができれば、人生が豊かになり、やがて自分自身の介護に役立ちます。

両親だけでなく、自分自身も老いていくわけですから、地域の主な福祉・医療機関の連絡先とか、労働問題を相談する先とかを調べ、かかりつけ医をもつといった準備を始めましょう。救急車を呼ぶ事態になったときなど、かかりつけ医がいるといないとでは大違いです。受入先の病院が決まる時間が短くなるのです。

健康診断をうける機会などを利用して、

介護に直面した場合の就業継続見込み（40代・50代正社員） 単数回答 n=482

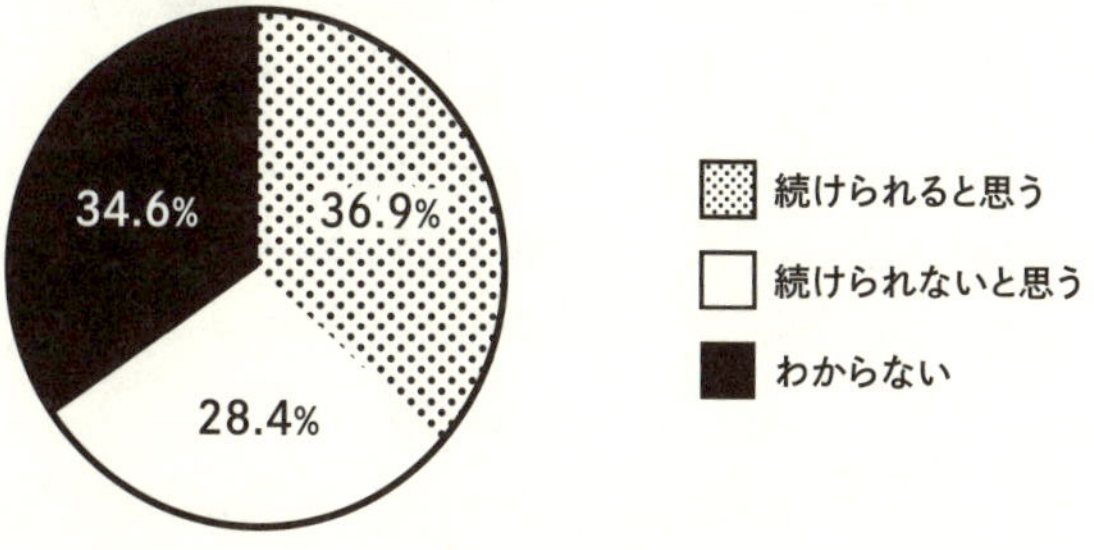

注｜回答者は、就労者（男女各1000人）のうち、手助け・介護が必要な親（本人または配偶者の）が少なくとも1人はいるもの。
資料｜三菱UFJリサーチ&コンサルティング「仕事と介護の両立に関する労働者調査」（厚生労働省委託事業）平成25年1月実施

ホームドクターをもつことです。最近の病院はなかなか入院させてくれません。住んでいる地域の医療機関には、できるだけ関心をもっていてください。

介護が必要になるときは必ずやってきます。そのとき、大騒ぎにならないようさまざまな準備をしておいてください。家族で話し合っておくことはとても大切です。ご両親にそれとなくどうしたいか希望を聞いておくとか、介護サービスの内容をよく理解しておくとか、準備しておくことはたくさんありますので、この後に「〈ながら〉介護のための一〇原則」としてまとめてみました。

なによりも、「地域」のネットワークと

介護に関する実態把握の状況　　複数回答　n=967

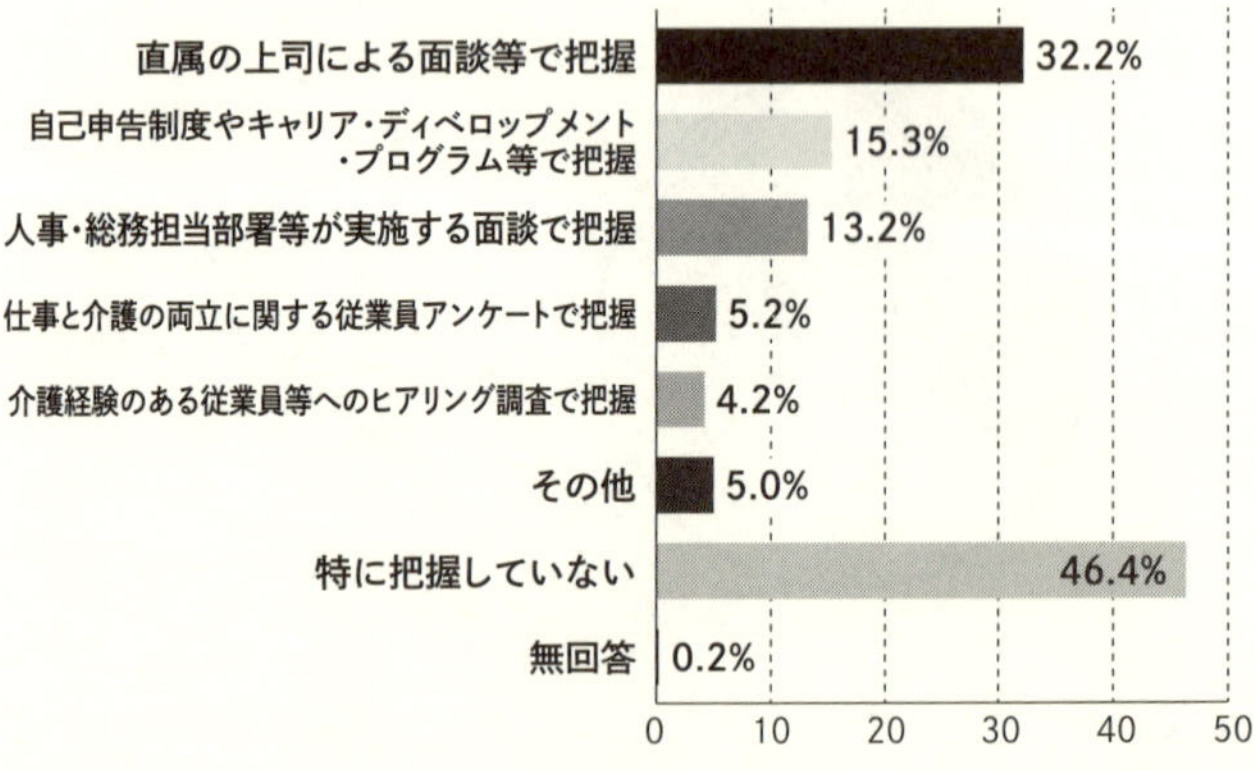

資料｜三菱UFJリサーチ＆コンサルティング「仕事と介護の両立に関する労働者調査」（厚生労働省委託事業）平成24年10月実施

情報が大切です。別居の方は、ご自分と親御さんの住む両方の地域の情報を手に入れてください。

私は今どきの地域を、「老可留子見地（ローカルコミニチ）」と名付けました。「老人そこに留まるべし。子どもを（ともに）見る新しい地域を作ろう」の意です。人生の入口と出口がしっかりと守られた、高齢者と子どものためのまち作りを進めていきましょう。高齢者と子どもが安心なら、他の年代も安心して暮らせます。こうすれば、遠距離介護＝見守る介護も安心です。

「手助け・介護している人」上司や同僚に知られることの抵抗感

単数回答　n=251

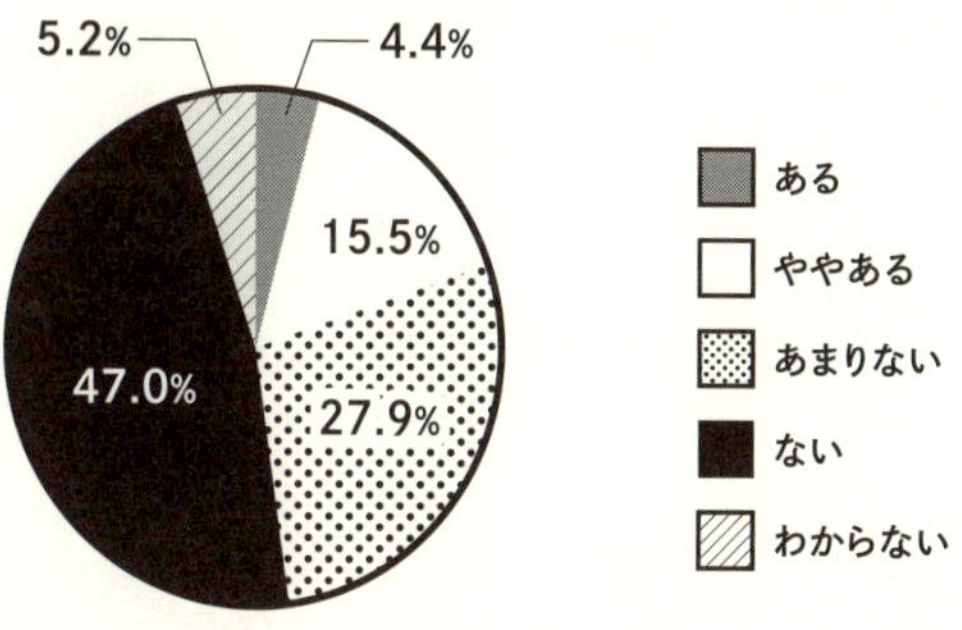

注｜回答者は、就労者（男女各1000人）のうち、本人が手助け・介護を担っているもの。
資料｜三菱UFJリサーチ&コンサルティング「仕事と介護の両立に関する労働者調査」（厚生労働省委託事業）平成25年1月実施

企業も自治体も変わって、〈トモニ〉介護の時代へ

明るい動きがあります。介護離職は、個人だけの問題でなく、国や企業にとっても損失とわかり、〈ながら〉介護がやりやすいよう法律が改正され、企業もそれにあわせて、働き方改革に取り組んでいます。

二〇一七年一月一日から施行された育児・介護休業法は、育児も介護も働く男女が出合う人生の大きなイベントとして、雇用する企業に育児・介護を支え、仕事と両立させるような改革を求めるというものです。

とくに「介護」について、介護休業制度などがどう変わったか、ざっと説明しましょう。

一　介護休業を分割して取れるようになった

介護休業できる日数は、一人の要介護者に対して通算九三日まで、原則一回でしたが、これが三回まで分割して取れるようになりました。一回目は介護施設等への入所手続きに使い、二、三回目は施設変更の手続きや退所手続き、終末期などにも使えるようになりました。

二　半日単位で介護休暇が取れるようになった

介護休暇として、一年に五日間（要介護者が二人以上は一〇日間）を一日単位で休むことができましたが、これが半日単位で取れるようになりました。通院などに休暇を使ったのち、半日は仕事に使えるので介護休暇が使いやすくなりました。

三　介護のために労働時間を短縮することができる

これまで通算九三日の介護休業の中に含まれていた所定労働時間の短縮（たとえば八時間労働では二時間以上）等の利用が、介護休業とは別に、要介護者一人に対して利用開始から三年の間で二回以上利用ができるようになりました。

具体的には①短時間勤務制度、②フレックスタイム制度、③時差出勤の制度、④利用する介護サービス費用の助成などの制度。事業主にはこれら四つのいずれか一つ以上の利用の措置が義務づけられました。これで、介護休業をはさんで短時間勤務などもできるので、安心して制度が利用できるようになりました。

四　介護する労働者の残業は免除される

これからは、介護する労働者が介護休業と同様の対象家族一人について、その介護が必要でなくなるまでは、午後一〇時〜午前五時（深夜）までの残業が免除されるようになりました。これで育児休業法と同じになりました。

五　有期契約労働者が介護休業を取れる要件が緩和される

これまでも、期間労働者やパート、派遣や契約社員などの一定雇用期間の定めがある、有期契約労働者であっても介護休業が取れましたが、介護休業を取るための要件が、申し出時点から次の二つの要件のみに緩和されました。

①同じ事業主に引き続いて一年以上雇用されていること

②介護休業開始予定日から起算して九三日を経過する日から六カ月を経過する日までに、その労働契約（労働契約が更新される場合は更新後のもの）がなくなることが明らかでないこと

法律は、最低限のルールを決めるもので、企業はさらに上乗せして、よい雇用の条件を創りつつあります。介護が必要な家族を抱える労働者が介護サービス等を十分に活用でき、介護離職せずに、介護休業や柔軟な働き方の制度を組み合わせて対応できるような法改正となっています。

一〇〇年ライフを希望のあるものにするため、国や自治体、企業を含めて、介護者を孤

立させず、〈トモニ〉介護を考えていこうという時代の入口に私たちは立っています。私たち自身の覚悟も問われるところです。

次章からは、具体的な事例に答えながら、具体的に〈ながら〉介護を提案していきたいと思います。

コラム

〈ながら〉介護のための一〇原則

1—人生は長い。他にいろんなことをしながら家族を看よう

介護は子育てと違い、期限の予測が立ちません。がんばりすぎると、途中で疲れて身体的・精神的に、共倒れの恐れがあります。

2—仕事を続ける。その覚悟をアピールする

仕事を続けるための様々なサポートと周囲の環境が整えられてきています。仕事を辞めれば、収入が途絶えるだけでなく、将来の支給年金額も少なくなります。

3—決して隠さない

会社に言うと不利益になると考えていませんか。改正・育児介護休業法は、各企業に相談しやすい雰囲気を作るよう求めています。また、不利益取り扱いも禁じています。「われこそは介護者」の旗を高々と掲げましょう。

4—介護は情報戦と知る

介護保険制度は、各自治体によって差があります。介護者の住む地域、要介護者の住む地域、両方の情報を集めましょう。

5―ひとりで抱え込まない

介護はひとりではできません。家族、親族と話し合い、あるいは友人・知人も頼んで外の風を送りましょう。介護からひろがれ友達の輪！「ケア友」をたくさん作りましょう。

6―事前準備を怠らない

親がいれば必ず何らかの介護は生じます。要介護状態になる前に情報を集めて親の希望を聞き、話し合いましょう。他の兄弟姉妹（きょうだい）がいればおたがいの分担も。絶対に仕事は辞めたくないということも伝えましょう。

7―地域の人間関係を大切に

遠くの親戚より近くの他人です。近隣の助け合いを心掛けて、万一の時の近親への連絡、ちょっとした手伝いはご近所が頼り。ただし頼りすぎて地域を〈積みすぎた方舟《はこぶね》〉にしないこと。ご近所も皆、高齢ですから。

8―「食べる」ための技術と手続きを手に入れる

食べることは生きることの基本。買い物や簡単な調理のスキルは自立の第一歩。男女を問わず、日頃から身につけましょう。

9 「ケアされ上手」も年甲斐のうち

介護の中心は要介護の高齢者の幸せの達成です。でもそれは家族の人生を犠牲にすることではありません。一〇〇年ライフの初代として外部サービスを受け入れ、子や孫の仕事と介護両立をすすめるのは高齢者の年甲斐ではありませんか。

10 制度を上手に利用する

介護保険制度は介護離職をしないためにある、と思いましょう。育児介護休業法も、働き方改革政策もそうです。介護離職ゼロになり、一方で介護現場で働く人たちの働きがいが大きくなれば、社会の質は必ず向上します。自信を持って「仕事と介護の両立」のロールモデルになりましょう。

第一章

働く人の〈ながら〉介護

CASE

夫婦共働き家庭の〈ながら〉介護

A男は、五〇人ほどの企業に勤めるサラリーマン。四十代半ばで課長となり、大きなプロジェクトを抱えていた。仕事に充実感を持ち、やり甲斐を感じているさなか、故郷で一人暮らしをしていた父親が倒れた。

A男の妻A子もフルタイムの仕事を持っている。

勤めている会社は、大企業ではないので、介護に関する制度も法律以上のものはない。介護のために時間を取りたくとも、上司の部長に相談すると出世に響きそうだし、プロジェクトで忙しい思いをしている部下の士気に関わる。かと言って、仕事をがんばっている妻に介護の負担をかけるのも気が引ける。

自宅に引き取るべきか？　遠距離介護に踏み切るべきか？

▼回答—

働く人の〈ながら〉介護で、大原則は「隠さないこと」です。隠れキリシタンじゃないけれど、隠れ介護者はたくさんいます。A男さんの場合のように、親の介護が必要と言うと戦力から外され業績に響くんじゃないかと、気になるため言えないのでしょう。でも、これからは全員介護者になる時代です。後の人たちのためにも自分には支えるべき要介護者がいるのだと、隠さないことです。

企業も、厚生労働省も「仕事と介護の両立」「働き方改革」を進めています。中小企業にも働き方改革の動きがあり、徐々に進められるようになりました。「第五章　職場が変わる　女が変わる　男が変わる」で紹介しています。

A男さんがお勤めの会社は中小企業とのことですが、大企業の良さと、中小企業の良さの両方あると思います。制度が組織的に浸透して、うまく回転しているのは大企業ですが、中小企業は、その人が有能であれば、この人のためになんとかしようと、トップダウンで動いてくれる場合があります。育児休業についても中小企業が必ずしも悪くはなかったのと同じです。中小企業のほうが顔が見えるので、むしろ小回りが利いて、重役の一言で、「何とかしてやろう」ということになった例もあります。

辞めるのは万策尽きてからにしてください。とにかく自分はこういう状況で、仕事を愛しているし、会社を愛しているので辞めたくない、何とか続ける道を考えていただけないかと、会社に申し出ることです。

厚労省の資料を見ても、会社の上司や同僚に知られることに少しでも抵抗のある方が、まだ二割近くいます。相談しやすい環境作りも今後の課題ですね。

神奈川県は、行政の側も企業に相談しやすい環境作りを求めて、マニュアルを作っています。

介護の旗を高々と

会社には、育児休暇と同じように介護に関する担当者がいるはずです。まずは、「親の介護をしなければならない」と会社に言うことですね。社内に言える雰囲気を作るのもパイオニアの役割です。時代を作るトップバッターとして、与えられた役割を認識し、介護の旗を高々と掲げていただきたいですね。

介護に関する社会的認識は、一〇年前とまるっきり違ってきていますから、旗を立てれば僕も私もと続いて来ますよ。

厚生労働省のデータによると、二〇一〇年代では、介護を抱えている人は五人に一人くらいだけれど、二〇年経ったら五人に四人くらいになると予測されています。ほとんどすべての人が介護に係わる、もうすぐ「一億総介護者時代」がやってきます。介護に関する制度は使いづらいといっても、自転車に乗るのと同じです。最初は難しくても、乗れるようになってしまえば何のことはありません。みんなが介護の旗を立てれば、職場の風景が変わって、制度も乗りやすく、使いやすくなりますよ。

介護と育児は違います。育児は、女性しか子どもを産みませんので、産前産後休暇と連続し、授乳などやはり女性に大きく係わるテーマです。また、これまで女性は、結婚や出産を期に会社を辞めてしまう例が多く、介護年齢になる前に会社を去る人が大多数でした。結婚、出産の多くは二十代のうちでした。職業的スキルが低く、安月給の女性が辞めても、いくらでも代わりはいると、企業も社会も女性の出産・育児退職を当然視していました。少し前までは退職を強制している企業も少なくありませんでした。これでは長い目で見て女性の社会的活躍の道が閉ざされ、経済の発展にもかかわります。国際機関からも指摘され、「女性活躍」は、このところ国の政策課題になっています。やっと育児パパ＝イクメン、イクボスが奨励されるなど、新しい時代を迎えています。

一方、仕事と介護の両立は、ようやく始まったばかりです。これまでは嫁や娘の立場の女性が辞めていきましたが、世の中はあまり問題にしませんでした。家族介護者の男性比率が三割を超え（二〇一二年）、職場の管理職を含む中堅男性の介護離職が話題になるようになって、急に介護離職がクローズアップされてきました。プロローグに示しましたが、重要なことなので、もう一度申し上げます。

まず、自分自身の老後の経済・生活設計が危うくなります。年収が同程度の条件での再就職は難しいのが現状です。勤続年数によっては、無年金になる恐れもあります。仕事という社会参加の場を失って、うつ症状、共倒れのリスクが増えます。

次に、会社が、それまでかけた教育費・研修費が無駄になることです。

三番目に、個人所得税で、多くを担っているのは、四十代、五十代のサラリーマンで多くは男性です。この人たちが介護離職してしまうと、日本の税収減につながり、財政に響く危険があります。医療保険、介護保険といった社会保険を一番多く担っているのも、この人たちです。

四番目が、一家の柱である家族の離職によって、次の世代の就学・就職機会がおびやかされることです。

つまり、介護離職が増えるということは、日本の国の財政が立ちいかなくなってしまうということに通じます。実は女性も同じ問題を抱えていたのですが、これまでは家計の主たる担い手は男性、ケア役割は女性、という時代が長く続いたので、女性中心の介護離職は、当の女性の思いはともかく、世の中は当然として受け止めて話題になりませんでした。そもそも女性は、長く働いても昇進はできず、給料も低かったからです。

しかし、今や、男も女も介護離職の時代となりました。データで見てみましょう。

家族の介護・看護のため転職、離職した人は一年間で、一〇万一一〇〇人、このうち、女性は八万一二〇〇人で、まだまだ、約八〇％を占めています。

十五歳以上人口について、男女、介護の有無別にみると、介護をしている人は五五七万四〇〇〇人で、男性は二〇〇万六〇〇〇人、女性は三五六万八〇〇〇人となっています。年齢階級別にみると、「六十～六十四歳」が一〇八万二〇〇〇人と最も多く、介護をしている人のうち、六〇歳以上の割合がほぼ半数です。

就業状態別にみると、仕事をもっている人は、男性が一三〇万九〇〇〇人、女性が一六〇万一〇〇〇人で、仕事をしていない介護者は、男性が六九万七〇〇〇人、女性が一九六万七〇〇〇人となっています（総務省 平成二十四年就業構造基本調査より）。

女性の方たちには、こういった情報をパートナーに知らせて、「そうか、僕たちの問題でもある。変わらなきゃいけないね」と、夫婦で話し合っていただきたいですね。

全国に、介護する男性たちのネットワークも生まれています。男性介護者ネットワークというのは、全国に一〇〇か所以上あります。

介護される人の希望は?

さて、ご相談者の場合ですが、介護施設を利用することもできます。自宅に引き取る場合は、妻A子さんに負担がかかると気にされていますが、まずは、介護される方のご希望を聞くことです。認知症になっておられれば別ですが、身体的な問題で介護が必要になった場合は、まず、お年寄りがどうしたいかを聞いてください。

たとえば、自分たちが遠距離介護に来るとすれば、月に何回ぐらい来られるか、介護保険サービスをフルに使って、あるいは施設を使ってお父様がこのまま住み慣れた土地にいることができるかどうか、などをしっかり調べて説明してください。

そのためには、介護計画を立てる前に情報をもっている必要があります。

介護を始める前にもっていてほしい情報は、勤めている会社の介護サポートはどの程度まであるか、という職場情報と、要介護者が住む地域の介護サービスは、どんなものがあるか、相談窓口はだれか、という地域情報の二本立てです。

遠距離介護も選択肢に

A男さんの場合は、事情にもよるのですが、遠距離介護も選択肢として考えてみていただきたいですね。

遠距離介護とは、サラリーマン世帯の増加と共に高齢世帯の核家族化がすすみ、今六十五歳以上の世帯構成は、①老夫婦　三一・五％　②ひとりぐらし　二六・三％　③老親と独身の子　一九・八％　④三世代　一二・二％　⑤その他　の順で、子どもがいない世帯が過半数を占めています。介護といっても、遠距離で「通勤型」の介護が増えてきました。

離れて暮らす老親の自立と介護を支える子の会「パオッコ」（理事長・太田差恵子）は、同じ立場の子世代の情報交流の場として発足。機関誌発行、セミナー、交流サロンなど開催。

介護の世界に、入浴、食事介助などの具体的介護だけでなく、地元自治体介護サービスとも連携し、老親を励ますなど「見守り責任」という新しい概念を発掘しています。新しい介護休業・介護休暇制度は、遠距離介護の味方になるはずです。

今までは、食事の介助とか、排泄の介助とか、お風呂に入れることが介護とされていました。これらはたしかに労力的には一番大変なのですが、介護保険など、社会サービスに任せることもできます。

これからは、「責任をもって見守る」ということが、新しい介護のキーワードでしょう。親子の関係なり、夫婦の関係を保って、その人の「老い」から最期の看取りまで、自分が責任をもって見守っていく。「見守る」ということも、大事な一つの介護なんです。「責任をもって見守る」——お年寄りと最も近い人としてコミュニケーションをキチンと取れる人間となって、お年寄りの立場に立って、第三者の看護師さんや専門家と交渉していく。〈ながら〉介護というものは「見守り介護」でもあります。やがては「見届ける介護」です。お年寄りの、そしてご自身の、また、妻A子さんの個人としての生き方、生きがいを保ちながら、支えあって、A男さんには見守り責任を全うしていただきたいと思います。

そのためには、お年寄りが倒れる前に、事前準備をしておくことが、とても大切です。たいていの人は、倒れてから大騒ぎします。まさにパニックです。でも、親がいる限り、必ずその日はやってくるのです。

私たち、高齢社会をよくする女性の会は、「人生最期の医療に関する調査」（二〇一三年）、いわゆる「看取り」の調査をしました。そのとき、可能な場合は親子夫婦など家族のすべての方にアンケートに答えていただきました。胃瘻《いろう》をするとかしないとか、お年寄りが何を望んでいるのか、介護する側はどうしたいか。調査用紙を囲んで話し合い、家族が互いの思いがわかり、親に最期の看取りについて希望を聞くことができたと喜ばれました。日本の親子は話すことをしなさ過ぎですよ。

介護嫁は絶滅危惧種

私の知る限り、従業員の育児支援にきちんと対処できた会社は、介護にも対応できています。たとえば、髙島屋では、お客様の八割、従業員の七割が女性ですから、育児のために辞められては立ち行きません。正社員のシフトを何通りも作って、半日ずつとか、一日おきに勤務する形態も含まれているようです。

髙島屋では、家庭と仕事の両立支援（両立支援制度）を労使で進めています。

介護に関していえば、介護休業（四名）、介護勤務（七名）などの制度があります。（）

内は二〇一七年の取得者数です。なお念のため、男性の育児休業取得者は、一六五名中に三二名いました。

「介護休業」は、要介護状態（介護保険とは異なる）の二親等内親族を従業員が介護する場合、通算一年以内であれば何回でも「介護休業」を取得できることになっています。取得回数の制限はありません。また、要介護になった家族を介護する場合に、対象家族一人に対してする「介護勤務」の期間を、三年間に延長されています。

このようにワーク・ライフ・バランスの実現が図られているのです。

今の日本の家族介護には、介護保険が創設されたころに比べ大きな変化があります。

第一に、介護保険が始まった当時に一八％だった男性介護者が、現在ではついに三〇％を越えたこと。実数で一二〇万人以上といわれます（内閣府平成二十七年版高齢者白書）。

第二に、「嫁」という非血縁介護者が激減しています。まさに「介護嫁は絶滅危惧種」です。ということは、介護者が、自分の配偶者を除けば、血縁化したということです。嫁でなく、実の娘か息子が介護するようになった。こういう変化の中で、夫婦の新しい協力関係が必要です。夫の親の介護は、夫または夫の兄弟姉妹（きょうだい）という形に変わりつつありますし、妻の親の介護は、妻の側のきょうだい、となるという介護体制が、日本社会で都会を中心に受け入れられてきています。

地方によっては、この現実を受け入れたくないと考える人は、まだいらっしゃると思いますが、少子高齢化による「数」の上で、もはや仕方がないんだということを理解していただきたいです。問題は伝統的意識がどうあろうと、現実の「数」の問題なのです。つまり、ない袖は振れない。事実を変えるのは数、そして人口構成という現実です。

子どもの数がわずか一世代のうちに平均五人から二人へ、半分以下に減りました。今の五十代から下は、総長男長女時代。妻の側も夫の側もいっしょに親が倒れる同時多発介護に直面することがふつう。人口論的に、わが親に優先して夫の親の介護に専念できる「嫁」はいなくなりました。嫁もまた自分の実家の親介護の責任者なのですから。その条件の中で良い介護を考えなくてはならないわけです。

すでに妻を看ている人、息子として親を看ている人を含めて、男性の介護者が三分の一を上回っているのです。介護の男性化が確実に進んでいて、介護は女性だけでなく男性のものにもなってきました。

だから、これまですべてにおいて男性中心だった企業も変わりつつあるのです。そして企業の変化は社会に大きな影響を与えます。

育児休業制度はもちろん男性の取得を奨めていますが、授乳など生物学的な意味からも女性に大きく偏りがちです。男性の家庭参加は、これからの働き方改革の鍵となります。一方、介護には、男も女もないのです。体力的には、むしろ筋力のある男性に適性があるかもしれません。今までは、女性は家事、育児の無償労働の延長線上に介護があって、育児と介護が二大原因で職場を早くに辞めてしまう。女性の給料が上がらない理由の一つになっていました。

男性はずっと仕事一辺倒で家族のケアを妻に任せ、はじめて一人前の労働力とみなされて、企業はそういう男性にそれなりの給料を支払いました。でも、その中核の男性が急激に介護に直面して、介護離職が問題となってきました。企業も対応しなければならなくなったのです。

低賃金の女性が介護で辞めていったころは、企業も問題にしませんでした。女性のほうが老後は長いんですから、辞めてしまったら老後に貧乏ばあさんが世に満ちあふれ、介護保険料も払えず、それどころか生活保護の対象になりかねません。国の財政が厳しくなります。

仕事と介護の両立に声をあげよう

男も女も定年まで勤め上げられる社会にしていかないと個人の暮らしも国の財政も成り立ちません。そのためには介護の旗を高々と掲げて打ち振って、「仕事と介護の両立」に向けて大いに声を上げましょう。

まず、声を上げる。相談する。そのためには、ご夫婦でよく話し合う。親子でちゃんと話し合いましょう。現実を直視して、決して隠さない。

介護される方が、何を望んでいるか、まず知ってください。私の場合、娘が常勤で現役である期間はもう残りわずかになってしまいました。その間に私が倒れたら、介護休業を取るのはいいけれど、絶対仕事を辞めてはいけないと言ってあります。

今の日本では、キャリアは一度中断してしまうと取り返すのは難しいのです。育児休業は、だいたい三十代にとるので、まだ先が長いし、かつ子どもの成長の過程が予測できます。でも介護は先がどれだけ続くかわかりません。

A子さんも辞めちゃいけませんよ。自分たちの老後のことも考えなくちゃ。施設入所、遠距離介護とも、介護サービスを利用すれば、可能だと思います。

A男さんは、まず介護休業をとってください。介護休業は、何よりも責任者としてこれからの介護の見通しを立てるわが家の介護設計に使ってください。病院に一緒に行って医療に関する情報を知り、役所に連絡して介護認定の申請をしましょう。要介護認定の時につきそい、書類を書くなどしてください。結構な時間がかかります。

この大介護時代に、介護に関する法制度などの情報を知らずして、介護が必要となる親を抱えることは、泳ぎ方を知らないで大河に飛び込むようなものです。高齢者である人も、親を抱える人も、ちゃんと勉強しましょう。人生後半の義務教育の必須課目です。

要介護認定を受けてもらい、ケアマネージャーを決めて介護プランを立ててもらいましょう。マイ・ケア・プランといってプロのケアマネージャーでなく、本人や家族が自分でケアプランを立てることもできます。ケアマネージャーが組んでくれたプランが合わないと思えば、いつでも変えることはできます。変えるための情報は、〈ロコミ〉です。

八十六歳で要介護2の方が、ロコミで、カリスマ・ケアマネージャーを知り、名指しでケアマネージャーを変えたところ、満足がいくケアプランを作っていただけたという話も聞きました。

私たちは、洋服一着を買うにもいろいろな知識をもってあれこれ見比べているのに、なぜ介護という重要問題について〈消費者意識〉をもたないのでしょう。医療と同じく国が決める公定価格ですが、国民の保険料と税金で大部分まかなわれているサービスです。私たちは、被保険者であり、〈利用者〉なのです。

「福祉消費者」という言葉が生まれています。私たちは、利用者、消費者であることをもっと意識してもいいのではないでしょうか。もちろん、社会福祉は供給者VS利用者だけでなく、ともに支え合い、協同意識を持つことが必要ではありますけれど。

多くの皆さんがおっしゃるように、今、介護保険制度はますますわかりづらくなっています。もっと消費者にわかりやすくなるよう、働きかけましょう。勉強もしましょう。介護は、人生のビッグイベントなのですから、そのための市民運動や消費者運動がもっとあってもいいと考えています。

CASE

おひとりさま女性の〈ながら〉介護

B子は、デザイン事務所に勤め、アラフォーにして多くのクライアントを任されるようになった。自分を気に入ってくれているクライアントを頼りに、いずれは独立して自分の事務所を立ち上げる夢をもっている。

仕事が楽しく、今さら結婚する気もない。都心のマンションでお気に入りの家具に囲まれ、快適な生活を送っていた。

一人娘であるB子の父母は、仙台近くの海辺の町で漁業を営んでいたが、二〇一一年の大地震で父親が犠牲になり、そのショックからか母親は体が衰弱し、日常生活もひとりでは難しくなってきた。母は六十代。介護はまだまだ先の話と思っていたのだが……。

▼回答―

B子さんの場合は、親の介護の問題もさることながら、自分自身の人生後半の生活設計を立てるという問題があります。

介護は、身の回りの世話をすることだけではありません。介護する人も含めた、介護にかかわる人すべての将来にわたるライフプランを立てる必要があります。

食事や排泄の面倒を見る「手」を動かすことは、介護の重要項目ですが、これは介護保険をはじめとする外部サービスである程度助けてもらうことができます。これ以外に、家族でなければできない介護があるのです。

まず、最後まで責任をもって見守る、見届けるという覚悟を決めてください。「心」の問題です。また、「時間」を作って、訪ねていく、会話をする。思い出などを共有している人との会話は、脳を活性化させます。情報を収集して、より良いサービスが受けられるよう図ったり、ケアマネージャーとの相談も重要な役割です。「頭」を使い、要介護者の回りに専門家たちと良い人間関係を築くことです。

そして、やはり「お金」のことを考えなければなりません。介護保険サービスを受けるにしても、最低一割の自己負担は必要です。これも財政難ゆえに二〇一五年から、単身で年金二八〇万円以上の人は二割負担に引き上げられました。さらに、二〇一八年から、高額所得者は三割負担となります。

B子さんは、独立を夢見ているとのことですが、フリーや、自営業のように独立系の方がサラリーマンと決定的に違うのは、将来受け取る年金の額です。サラリーマンは、仮に毎月二万円の厚生年金保険料を給料から引かれているとすると、同じ額を会社が社員のために拠出しています。法律でそう定められています。独立系の方にはそれがない。全盛期には、同世代のサラリーマンより収入が多いかもしれませんが、定年後は厚生年金など被用者年金があるとないでは、将来の受給額に天と地ほどの違いがあります。国民年金は、満額で年間に七七万九三〇〇円（二〇一七年度、月額で六万四九四一円）が支給されます。

独立系職種の人のライフプラン

ですから、独立系の方は、仕事の盛りの時期に収入の半分は貯金しておくことをお奨めします。仮に、三〇万円の収入があったら、一五万円で暮らしましょう。一五万円は貯金です。どうしても無理なら、三分の一の一〇万円くらいは絶対に貯金してください。老後の厚生年金（公務員は共済年金）がある人と国民年金だけの人の差は、月額一〇万円どころではないのですから。缶詰を買い置きするとか、節約の工夫は、その気になれば楽しいものです。

高齢者の貯蓄目的調査でも、一番が老後の蓄え、二番が海外旅行、三番が子や孫のためです。一定の自助努力責任は自分で持たなければいけないのではないでしょうか。

B子さんが、フリーで才能を発揮するのは私は賛成です。起業というのもいいと思います。ただ、現実を言いますと、七十代自由業の仲間の老後は経済的に総崩れだそうです。この世代の古い友人から聞きました。

新しい女性雑誌がつぎつぎと創刊され、読者でもあった独立系の女性たち。自由にのびのびと生きたこの世代は、主婦にならず自立して、若い時代に、編集プロダクションをやったり、イベントのエージェントをやったり、ネットワークの中心にいたりしました。当時はＯＬより収入は多かったはずです。そういう時代に収入の半分を貯蓄すればよかったのだけど、そうはできなかったのでしょうね。不定期な仕事の収入と月に五万～六万円の年金で暮らしているようです。人生一〇〇年。浮き沈みの多い独立系の方々は、人一倍きびしく人生後半の生活設計を立ててください。

このことは、以前書いた『女、一生の働き方』（海竜社）で、〈貧乏ばあさん〉として、詳しく触れました。

昔、この世代の人と話したとき、「私はいいんです。いざとなったら生活保護を受けるつもりですから。国民の権利です」と言われました。その頃は、そういうことを言うのもとても洒落たきっぱりした生き方だと思いました。生活保護を受けるということが、どんなに大変なことか、言葉で「権利」と言っている頃は知らなかったのだと思います。自由と自立というのは、コインの裏表です。自由な生活には、自立という責任もくっついています。老後のライフプランも考えたら、まず、身の丈の生活が大事です。

専業主婦と独立系の職種女性の年金格差

でも、不公平だとは思いますよ。働く女性をまるで罰するかのように日本の制度はできています。とくに独立系、フリーでやってきた人は、営々と働いて税金と保険料を納めてきたのに国民年金は、現状では月五万〜六万円の人が多いのですから。

サラリーマンの専業主婦になった人は、年金制度上「第三号被保険者」と位置づけられます。四八ページで書いたように、妻自身の国民年金満額が月額六万四九四一円。そして夫が死亡すると、それまで夫には厚生年金比例報酬部分が月額一五万円支給されていましたから、遺族厚生年金として夫の比例報酬部分の四分の三がもらえます。この場合は、一一万二五〇〇円になります。

妻が六十五歳になって自分の年金をもらえるようになったとき、夫の遺族年金か自分の年金かどちらかを選ばなければなりませんが、多くの場合は夫の遺族年金額のほうが多いので妻自身の年金は放棄してしまいます。こうして、妻自身が支払った保険料は捨てられていくわけです。専業主婦だった場合は、自分の基礎年金プラス夫の四分の三をプラスしてざっと一七万円。

国民年金だけの人よりましですが、長年、被雇用者として勤めた女性でも厚生年金額は平均して男性の六割あまりです。勤続年数が男性の八割ほどと短いせいもありますが、給料が低かったせいでもあります。

女性は困難に強いから、基礎年金の五万〜六万円だけでも、住宅を確保すれば、なんとかやっていける人もいるでしょう。低所得高齢者用の住宅政策が望まれるところです。生活保護制度の中に「住宅扶助」というのがあります。この制度を発展・活用して、家賃だけ何とかしてもらえれば、ずいぶん暮らしやすくなるのです。

東京都が管理する「シルバーピア」と呼ばれる高齢者集合住宅があります。

バリアフリー化され、緊急時対応等のサービスつき公的賃貸住宅で、入居対象は、都内に三年以上居住している六十五歳以上の単身者か、夫婦二人世帯であり、年間所得が、二人世帯では二九四万八〇〇〇円、単身者では二五六万八〇〇〇円を超えないことが条件になっています。なお、住宅に困っている人のためなので、持ち家のある人は入居できません。これは最高倍率が五〇〇倍以上にもなる人気の高齢者向け都営住宅です。

現行の年金制度では、貧乏高齢女性の第一候補は、シングルマザーです。ワーキングプアーの問題です。子どもを産んで会社を辞めてしまってから、離婚した場合が一番深刻です。再就職しようにも正規職員になかなかなれません。年収二〇〇万円以下が六〇％以上で、一〇〇万円以下が二八・六％もいます（二〇一一年、厚労省発表）。

農家の主婦は、かつてはそれなりの生活の安定があったのですが、今は、金銭的に困っている方が少なくないようです。息子、娘は農業を継がずに出て行ってしまいます。夫が生きているうちは、二人の国民年金でやっていけますが、一人になると月額三万二五〇〇円程度になってしまいます。昔は、嫁差別があったので、年金にすぐに入れず、国民年金受給額は、少額になってしまいます。制度のせいではありませんが、地方に行くと、〈貧乏ばあさん〉が少なくありません。

昔は、親戚がお米だけは持ってきてくれましたが、今はそういったこともなくなり、働く場所もないという状況です。

まずは要介護認定を

Ｂ子さんのケースに戻りましょう。

何があっても仕事は絶対辞めてはいけません。キャリアを積み上げてください。

お母様は、災害の後遺症はあるでしょうが、住み慣れた土地で、まず要介護認定を受けていただきましょう。そのときはＢ子さんも立ち会って、地元の関係者に協力を依頼することです。遠距離介護になりますから、その地域の介護サービスがどうなっているか調べましょう。要介護認定から介護サービスの開始にいたる流れは、地域包括支援センターが相談にのってくれます。さらに、自宅に引き取る場合に備え、自分の住んでいる地域の介護サービスがどうなっているかも調べておきましょう。

インターネットなどで調べることができますが、七十代以上のパソコン使用率はまだ低いですから、子の世代が親にわかりやすく介護情報を提供してあげることが必要です。離れて住む人にとって、一番大事なのは、情報戦に後れをとらないことです。

母上の居住地が地方都市なら、大都市よりも競争率が低いので、特別養護老人ホームへの入居の可能性が高くなるかもしれません。母上が希望されるなら、あきらめず選択肢の一つにしましょう。どこにいても家族が見守ることが大切です。家族がよくお見舞いに来るお年寄りに対する施設職員の接し方と、年に一度程度しか家族の来ないお年寄りへの接し方は、そういうことがあってはいけないけれど、微妙に違うようにも感じます。人間そうしたものでしょう。

足繁く訪ねるとか、ハガキや手紙で様子を尋ねるとか、「見守っていますよ」というメッセージを送るのが、これからの子の役割だと思います。親に連絡を入れると同時に施設へも「お世話になっています」という気持ちを伝えることです。施設の側も、「どこかで家族が見ているな」と思います。もちろん感謝の言葉を忘れずに。そういう見守りが大事です。

施設にお任せはしているけれど、自分も介護に参加するという意識です。モンスター・ファミリーになってはいけませんけれど、利用者の側として言うべきことは、ちゃんと言う。注文すべきことはする。それが、「見守り」ということです。

くり返しますが、遠距離介護ということは、「見守り」が大切です。長距離電話の料金も下がってきたし、親御さんがメールを使えるようでしたらもっと安い。簡単に操作できる高齢者向けのスマートフォンも人気を呼んでおり、無料の電話サービスを提供しているアプリもあります。定期的な一本の電話が認知症の進行を遅らせることもあるようです。電話一本、メール一本に五分もかからないのですから、それをすることにより、介護の質を保ち、家族の方も安心できるし、仕事もできると良いことずくめです。

私の助手は六十代半ばで、九十三歳の母親が介護型有料老人ホームに入っていました。仕事場にいても、入居当時は一時間おきくらいに母親から電話がかかってくるときがありました。それが心の安定につながっているならば、幸せなことです。

親に送り続けた絵手紙で認知症の進行が止まった例もあります。老母は、文章だと書くのが難しかったけれど、得意の絵手紙だと苦痛なく毎日書けると気づいたそうです。やがて、介護施設から「おばあ様の認知症の進行が止まりましたよ」と連絡が来ました。このエピソードは、テレビのドキュメンタリーにも取りあげられています。

見守ることの大切さ

「見守る」そして「見届ける」ということがどんなに大事か。家族のまなざしは高齢者にとってどんなに心強いことか。親が住み慣れた地域から、子の住む地域に呼び寄せてしまうと、環境の変化がストレスになり、認知症が進むこともあるといいます。お母様が、その土地にどれだけ慣れ親しんでいるかにもよりますが、慣れ親しんでいればその土地のほうが、お母様のためにも良い場合があります。

介護する子ども世代が住んでいるのは、東京、神奈川などの大都市が多く、こういったところでは、人口に比べて施設数が少ないため、想像以上に施設に入りにくいのです。

また、介護は育児と違って、「いつまで」ということがわかりません。長期戦になるかもしれないのです。

それやこれやすべて考えあわせて、介護を含めた人生の設計を決めてください。

最後にもう一度くり返させてください。

若いうちは、老後くらいは何とかなると思いがちです。でも、後から思い返すと、働いている時になんという無駄遣いをしていたことか。人生一〇〇年時代に六十五歳まで働けたとしても、残る三五年は、基礎年金だけが頼りということもありえます。

公営住宅、高齢者向け住宅など、自治体ごとに低家賃で入れる住宅もある程度準備されています。こうした福祉系住宅は家賃も所得による応能負担ですし、一定の設備が整っています。抽選で倍率は高いようですが、あきらめずに申し込んでください。申し込まなければ、当たるはずはありません。

私より十歳若い友人は、地方公務員として定年まで勤め、持ち家は買わず公的なサービス付住宅に入居。マンションを買うつもりの貯金は分散して年金型の保険に入りました。共済年金もあり、生涯おひとりさまながら、「毎月旅行に行き放題よ」ですって。家賃を支払い続ける、年金などの収入があれば「家を持たない」のも一つの選択肢です。

独立系の方は、良い時の収入の半分を貯金することにより、年金を補塡してください。また、B子さんは仕事のスキルを持っているので、全盛期ほどではないにしろ、年金プラス少しでも収入を得る働き方を、生涯続けることもできます。

「老婆（ローバ）は一日にしてならず」ですが、「すべての道はローバに通ず」るのです。B子さんは、そこまで考えて、介護プランを立ててください。

コラム

女子アナ・町亜聖さんの一〇年〈ながら〉介護

元日本テレビアナウンサーの町亜聖さん。朝の情報番組に出演し、テレビで活躍されていたので、ご存知の方も多いでしょう。近年、フリーになって、医療と介護を生涯のテーマとしてお仕事をされています。そんな関係で、私のところにも取材にいらっしゃいました。

町さんは、『十年介護』（小学館文庫）という本を書いています。高校三年生の時にお母様がくも膜下出血で倒れ、それ以来、母親の介護をしながら立教大学生、日本テレビアナウンサーとして、勉強も仕事もがんばってきたのです。そんな町さんの〈ながら〉介護を逆取材させていただきました。

大学受験を目前にした一九九〇年一月、町さんのお母様はくも膜下出血を起こし、手術で一命はとりとめたものの右半身の麻痺が残り不随、言語障害、知能低下という後遺症が残ってしまいました。

それ以来、町さんの介護生活が始まります。お母様は倒れた時まだ四十歳。当然心の準備ができているわけもなく、途方にくれたでしょうね。幸い家族で協力し合えたのですが、当時、弟さんは中学三年生、妹さんは小学六年生で、町さんは二人の母親代わりにもなったのです。

お父様は、どちらかといえば〈無頼派〉の方だったと言われましたが、お母様が倒れた後は仕事以外の時間はほとんどお母様の介護をしているというほど変わられました。

受験直前の生活の急変で、入試に失敗、介護をしながらの予備校生活を送ることになりました。お母様が倒れる前は、高校生としてあまり勉強をしていなかったとのこと。介護を始めてからのほうが必死に勉強し立教大学に合格、努力が実を結んだのでした。

大学進学後は、学業と介護の両立がテーマでした。家計を支えるためにアルバイトもしなければならず忙しい毎日を送ります。

学生時代に、お母様とともに障がい者と交流する場所にいくことで、ハンディキャップをもつ人々と接し、日本の福祉のさまざまな問題に目を向けることになり、それらを改善するために自分のできることは何かと考え、「伝える」ことだと結論を出したのです。

アナウンサーになることが彼女の夢になりました。

アナウンス研究会や放送研究会といったサークルに属して、アナウンサーを目指すのが近道だと思うのですが、介護のため時間的な余裕がありません。介護に正面から向き合い、どんな逆境にも負けなかった自分だから「伝えられること」があると、気持ちを切り替えて就職試験を受け、日本テレビにアナウンサーとして入社することが決まったのです。

アナウンサーとして働き始め、テレビに出れば、テレビが最高のお友達であるお母様に見てもらうことができると嬉しかった。まだ介護が語れる環境が整っていない一九九〇年代でしたが、職場では介護を隠さず、福祉の番組を作りたいといったこともできるだけ周囲に話しました。徐々にアナウンス室だけでなく局内にも理解者が増え、福祉関係の番組の制作に携わることができました。

家事は妹さんが随分助けてくれたそうですが、やはり朝晩の食事の世話は作りおきなどでできるだけ対応するようにしていました。机に座りきりの仕事ではないので、比較的時間を柔軟に使える職場でした。それで、〈ながら〉介護がやりやすかったのかもしれません。

深夜の番組を担当している時は空いている昼間の時間を、早朝の番組の時は夕方帰ってきてから、と睡眠時間を削って家事や母と一緒にいる時間を作りました。休日はできるだけお母様と一緒にいるようにして、いつもドライブに出かけます。運転は他の家族に任せて移動中は爆睡して休養を取り、当時の恋人とのデートは、家に呼ぶか、家族と一緒のドライブだったそうです。

家族で〈ながら〉介護をすることにより、家族仲良く暮らせるようになったのですが、お母様の末期がんが発見され、入院ということになりました。介護だけではなく看護も必要になり、家族でローテーションを決め、誰にも状態がわかるように「お母さん日記」をつけるようにしたのです。家族は、できるだけ同じ時間を共有し、同じ考えを共有するようになったといいます。お母様が与えてくれたかけがえのない時間と思ったそうです。

お母様が自宅に戻ってほどなく、お父様もがんであることが発覚しました。それで、二人一緒に入院ということとなるのです。そして、どうしてもお母様を家で看取りたいと考えた町さん。当時はまだ介護保険制度はありませんでしたが、訪問診療や訪問看護にいち早く取り組んでいた地元の病院の協力を得て、お母様を自宅に連れて帰ることが出来たそうです。排泄介助、点滴や人工肛門の交換などの身体介護も家族全員で行っていたそうです。また、ご自分の療養もあり、仕事を辞めたお父様がいつもそばにいて見守るという、一番辛い役割を担ったそうです。市の入浴サービスも利用しました。家族では、お風呂に入れるのは無理だったため、実に一〇年ぶりに湯船につかったようです。

そして、たくさんの思い出を残してお母様は旅立ちます。アナウンサーになりたての頃、

「親の死に目に会えないことは、覚悟しておくように」と言われていましたが、お母様は町さんの帰りを待っていてくれたのです。息を引き取る直前に微笑みを残して、お母様は亡くなりました。介護をはじめて一〇年の月日が流れていました。

しかし、介護はこれで終わったわけではありません。体の病気だけではなく、お母様の死を受け入れられず精神も病んだお父様の介護が待っていたのです。

朝のニュース番組のキャスターになっていた町さんは、深夜の緊急呼び出しに備えるため、番組に出演する週はホテルに泊まりこんでいました。番組の出演が終わると、お父様の病院へ行き、洗濯物などをピックアップして家に帰り仮眠、着替えを持ってまた病院へ行き、夜になると会社へという、〈ながら〉介護生活を繰り返しました。妹さんの協力があったとはいえ、かなり体力的にきつかったと思います。お母様が亡くなった後に、報道局に異動になり、アナウンサーのときより時間の自由が利かなくなったりといろいろありましたが、「なんとかなる」という思いで乗りきったといいます。

町さんが心がけていたのは、どんな場合でも「自分が一番大変だ」という考え方をしないこと、「介護をしてあげているではなく、一緒に暮らしている」と考えることだといいます。私たちがいなければ「母は何もできない」ではなく、私たちがいれば「母は何でもできる」と考えるとも。

町さんだけではありません。幼くして介護と向き合った弟さん、妹さんも立派に〈ながら〉介護を全うされました。弟さんは高校を卒業して消防士になり、自炊生活を経て料理の腕はなかなかのものとか。お母様にも凝った料理を食べさせてくれたといいます。妹さんは短大を出て大手企業に就職し、結婚し子どもも産んで、今も立派なキャリアウーマンとして活躍されています。家族で協力し合えたのも〈ながら〉介護ができた秘訣かもしれませんね。親の介護と子の進学・就職が重なると、介護離職どころか介護不進学、非就職になってしまうヤングケアラーが近ごろ話題になっています。町さんごきょうだいは、三人とも介護にめげず初志貫徹、進学・就職を成功させました。

フリーになり、アナウンサーに戻った町さんは、「伝える」ことができる立場に戻りました。〈ながら〉介護をするには、介護で休むことを後ろめたく思わないですむ職場環境を作るために、会社や社会の理解、一人ひとりの意識の改革が必要と訴えます。また、介護をしていることを語れる環境も。語れば、必ず「実は私も」と打ち明けてくれる人がいます。そうして社会は良い方向に変わっていくのです。今、町さんの新しい目標は「介護や病気を語れる社会」を作ることです。

第二章

生活・尊厳重視の〈ながら〉介護

CASE

経済的に恵まれない人の〈ながら〉介護

C子は夫のDVに耐え切れず、幼い一人息子を連れて自宅に戻り、離婚した。父を亡くしていたため、ひとり暮らしだった母親は、二人を快く受け入れてくれた。

C子は、パートで働き、週末の夜はスナックを手伝って、ぎりぎりの生活を送っていた。経済的には恵まれなかったが、三世代仲良く暮らしていたのも束の間、母親が脳梗塞で倒れた。

必死の看病で一命はとりとめたものの、認知症の症状が出て、娘のC子に「どちら様か知りませんが、親切にしてくれてありがとうございます」と言うようになり、介護のしがいがないと思うようになった。

母親と子どもの世話が彼女一人にのしかかり、長引く介護生活で、パートの仕事にも支障が出る。幼い子どもを抱えているので、預ける人がいなければ、週末のスナックのバイトもできない。経済的にどんどん追い詰められて、介護保険の一割負担も重くなり介護サービスも十分に利用できない状況に。

▼回答――

このところ増えている介護による経済地獄のケースです。介護保険は、医療保険に比べれば原則一割負担（収入によっては二割負担）なので、負担の軽い保険なのですが、最近はこの負担もできない人が増えています。ましてC子さんは、低所得者で、シングルマザーの非正規雇用者です。

ケアマネージャーが、「あと二日デイサービスを使うとだいぶ楽になりますよ」と奨めても「お断りします」と言ってくる方も多いと聞きます。その理由が、経済的事情です。介護にはお金がかかるんです。

介護「金」地獄です。その上認知症もあるとしたら、介護をする方にとって報われる思いはどうしても少なくなりがちです。

こういうケースこそ、〈ながら〉介護だからやっていけるのです。ベッタリと顔を付き合わせて介護漬けだったあるお嫁さんが言いました。「あの頃の私は、自分が精神病院へ入るか、刑務所に入るか、というところまで追い詰められていました」。介護殺人とか介護自殺が起こる一歩手前です。この女性の場合は、実の息子である夫が考えを改め、介護に参加し、外部サービスを使うことで救われました。

C子さんが今なんとか生きていられるのは、結果として仕事を続け、〈ながら〉介護になっているからだと思います。

地域の福祉事務所で相談

これほど経済的にきびしい状況でしたら、地域の福祉事務所か、地域包括支援センターに相談すべきと思います（困ったときの駆け込み先については、七五頁のコラムをご覧ください）。もともと貧乏で母子家庭なんですから、これ以上怖いものがあるかと、開き直らなきゃダメです。何よりも、母上の要介護認定を受けてください。これほど大変ならば、認知症型特養入所の最優先になりますよ。住んでいる地域にもよりますが、収入は少ないわ、認知症はあるわ、働く環境も整わないわ、ですから。

特別養護老人ホームへの入居希望者は多く、保育の待機児童と同じように、待機者は一説によると全国で約五二万人（二〇一四年三月、厚生労働省）とも言われます。一つの特養に申し込んでも「あなたは一〇〇番目」と言われたりします。ただ、近ごろ特養の入居条件は要介護3以上になり、入居しにくくなりましたが、C子さんのような事情がある場合は、優先的に扱われることがありますので、あきらめずに、すぐに地域の福祉事務所に行き、すべてオープンにして「何とかしてください」と相談してください。

入居できない間は在宅介護になりますので、介護サービスをいろいろ調べましょう。ショートステイやデイサービスが充実している地域も多いです。しかしここにも自己負担はあります。所得により四段階に分かれていますが、一番多い場合でも月額三万七二〇〇円を超えた場合、申請すれば、高額介護サービス費支援制度の適用を受け、超過額が返還されます。

スウェーデンやイギリスでは、「レスパイトケア」という介護家族のための息抜き休暇の支援策があり、それは自治体の義務とされています。日本のショート・ステイに当たるでしょうか。これも負担がかかります。

介護サービスを大いに利用するためにも、仕事による収入は重要です。仕事を円滑に続けるためにも、こういったサービスを上手に利用して、ご自身が倒れないようにしてください。家族だからといってすべて抱え込む必要はありません。

上野千鶴子さんが監訳された『家族、積みすぎた方舟』（マーサ・アルバートソン・ファインマン著）という本があります。神様は、動物をひとつがいずつ方舟に乗せたと言われますが、欲張って乗せすぎると海の底に沈んでしまう。日本の家族も何もかも家族でということになり、積み過ぎて、今のような家族崩壊の危機にさらされているのです。

少子化社会対策白書（平成二九年版・内閣府）が予測する今後の男性の生涯未婚率は、二〇三五年には実に二九・〇％です。女性の生涯未婚率が一九・二％。夫婦子ども二人、あるいは、三世代同居世帯といった政府が考えている家族はもはや崩壊、少なくとも絶対多数派とは言えなくなりました。

家族の概念を拡げる

こうなったら、「家族」の概念を広げていくしかないでしょう。たとえば、手術を受けるときの承諾書にしても、病院は親族のサインを求めます。最近は少し柔軟になったようですが、何かと言えば家族が求められます。でも、遠方に住んでいたり、日ごろ交流がない場合も多いのです。

スウェーデンでは、親族介護サポート政策という名称でありながら、家族とみなす介護者に親族以外の人も含めて認めています。親友、近隣、本人が親族とみなす人――日本も「家族」概念をこのように広げていけば、もっと多くの人で支えあう介護が可能になるのではないかと思います。

制度として今、政府は在宅医療、在宅介護を推進しています。地域によっては、「二四時間介護ボランティア」「二四時間随時訪問サービス」を頼めるところも、そう多くではないですが、あるのです。たとえば、大学の福祉学科の学生などが交代で看てくれたり、病院でいえば、ナースコールと同じように、〈ヘルパーコール〉ができるサービスもあります。ご自分で情報を集め、ケアマネージャーや周りを巻き込んで、良い介護プランを立てることによって、介護地獄から抜け出すことが可能になります。

これまでの自治体職員などは、相談に行くと「あなたが辞めて介護してあげたら」と言いがちでした。お年寄りの現在だけ見れば、その回答になるかもしれません。しかし介護家族の人生は介護が終わってからも続くのです。

今ようやく認識が変わってきて、「辞めないで別の道を考えましょう」と言ってくれる福祉系職員の方が増えてきました。

私の知り合いの例を挙げます。首都圏で私立高校の非常勤講師をしている六十歳の女性。

いわば契約社員ですが、父母ともにいろいろないきさつの後、介護型有料老人ホームに入居しました。彼女が相談したケアマネージャーの誰ひとり、「仕事を辞めて介護したら」と言いませんでした。すべての人が「がんばって。私たちが協力するから、お仕事続けなさい」と言ってくれたそうです。

一〇年前なら、まるで違ったことを言われたでしょう。世の中の変化はありがたいと、言っていました。

別の例ですが、祖父母の介護に母親が疲れ果てているのを見て、子どもと祖父母の仲が険悪になった例があります。祖父母の存在が母親を苦しめていると子どもが思ってしまったのです。孫は総じて高齢者にやさしいものです。しかしそれは幼いときから交流があった場合です。一家揃って老人介護という介護美談はたくさんありますが、すべての家庭にあてはまるわけではありません。

孫の気持ちにも注意

C子さんのケースでも、一人息子が、祖母を悪く思うようになる恐れがあります。介護負担が重すぎると、孫の精神状態や進路にまで響くのです。介護地獄を次の世代への連鎖にしてはいけません。要するに、自分がうつになったり、次の世代をうつにしないような、少しかろやかな生き方をしたいですね。それには周囲の人の支えが必要です。

DV夫に耐え兼ねて離婚なさったとのことですが、ある種の男性は、いまだに妻に対して「食わせてやっているんだ」という本音が心の底にあり、思い通りにならないときにDVという形で表れることがあります。

息子さんのためにも、DV被害者支援、母子家庭支援や離婚後の養育費請求などができますから、福祉事務所などで相談してください。

貧乏はC子さんのせいではありません。

ボーヴォワールというフランスの著名な評論家は、名著『第二の性』の中で「人は女に生まれない。女になるのだ」と述べています。私は「女は貧乏に生まれない。女を生きて貧乏になるのだ」と思っています。

使える制度や手段はすべて使って、経済的にまず安定すること、介護サービスなどを使って、自分のために使える時間を増やすことです。

子育て世代で、まだまだ未来があるC子さんですから、キャリアアップを目指して、資格を取るために勉強するとか、子育てや介護に関してしっかりした制度を持つ会社に、パートでもいいから採用されるよう情報を集めるとか、時間を活用してください。近ごろはパートや臨時社員から正社員に登用する会社も出てきています。

最後に、C子さんのケースから離れますが、経済的に余裕がある方ならば、お母様に認知症グループホームに入居（地方なら月一〇万円くらい）していただくという手もあります。

今、グループホームは、住居地以外では入れなくなっています。地方のほうが競争率が低くて入りやすいかもしれません。

C子さんのケースでも、仮に、お母様に三万円の国民年金があり、母子家庭助成や離婚した夫からの援助、C子さんのキャリアアップなどを積み重ねれば、グループホームを利用することも可能になるかもしれません。

お母様にとって、良い居場所を探す——情報を集めることも、立派な介護なのです。

コラム

介護で困ったときの駆け込み先を知ろう

介護——それは突然やってきます。親が、配偶者が倒れた。ひとまずは病院の世話になりますが、最近は長く入院させない所が多くなっています。看護に精一杯で退院後にどうするかという準備もできないうちに、病院が紹介してくれる所に転院したり、退院して自宅に帰ってきたりします。

そして、そこから介護が始まるのですが、「さてどうしよう?」「仕事や生きがいと両立するには、どうしたらいいのだろう?」となったとき、誰に相談するのが良いかを以下に紹介します。

介護については、地域格差が大きくあります。

緊急時や忙しいときは、とりあえず電話でも相談できます。まずは、介護保険による公のサービスにどんなものがあるか、聞いてみることです。

● **福祉事務所（市役所など）**

ここは、サッカーでいえば司令塔です。利用者の希望に添って、いろいろな相談先を紹介してもらいましょう。繰り返しますが、まずは電話でいいのです。

都道府県や市（特別区も）は、社会福祉法によって福祉事務所を置かなければなりません。市町村の福祉部、福祉課が福祉事務所となっている場合もあります。老人福祉は、市町村の担当ですので、まずは、介護する人とされる人、それぞれの住んでいる地域の市役所などに相談に行きましょう。

福祉事務所に電話すれば、利用者の希望に応じて、いろいろ相談に乗ってくれます。お役所ですから、時々「たらい回し」と感じるときもありますが、何しろ情報の宝庫なのですから、こちらも粘り強く対応していけば、必ず、良い介護にめぐり合えます。

● **地域包括支援センター（シニアサポートセンター）**

福祉事務所から紹介される場合もあります。

地域包括支援センターは、介護保険法によって、地域住民の保健・福祉・医療の向上、虐待防止、介護予防マネジメントなどを総合的に行う機関として、各市区町村に置かなければならないとされています。福祉事務所のように、お役所そのものではなく、ＮＰＯなどの外部事業者に委託されていることもあります。

ここでは、総合相談支援として、「高齢者の相談を総合的に受け止めるとともに、訪問して実態を把握し、必要なサービスにつなぐこと」を事業内容にしています。また、包括的・継続的ケアマネジメント支援として「高齢者に対し包括的かつ継続的なサービスが提供されるよう、地域の多様な社会資源を活用したケアマネジメント体制の構築を支援すること」と、難しく書いてありますが、要はいろいろと相談に乗ってくれて、サービス事業者を紹介してくれるところと考えて良いでしょう。

社会福祉士、ケアマネージャー、保健師といった専門家が連携をしながら、利用者の問題解決の相談に乗ってくれます。市区町村にひとつだけではなく複数ある場合もあるので、身近なところにもあるかもしれません。ちなみに、東京都世田谷区には、二七か所ありました。名前は、「○○あんしんすこやかセンター」となっていますので、普段見かけても、「地域包括支援センター」と、すぐにはわからないかもしれません。

なお、要支援、要介護にならないよう予防することも、ここの役割なのです。住み慣れた地域で、できるだけ自立して暮らせるようにということを目指しているので、気軽に相談してみましょう。

介護保険サービスを受けるには、要介護認定が必要ですが、緊急性がある場合は認定前でもサービスの利用ができます。とりあえず、サポートしてもらってから要介護認定を申請し、その結果が、「自立（保険適用外）」だったり、受けられるサービスの限度額を超えてサービスを利用した場合はその分は、自己負担になってしまいますが。

なお、要介護認定の手続きは非常に面倒ですが、頼めばケアマネージャーが代行してくれます。

●民生委員・児童委員

民生委員・児童委員は、民生委員法で「人格識見高く、広く社会の実情に通じ、且つ、社会福祉の増進に熱意のある者」が、推薦されて厚生労働大臣から頼まれた人たちです。地域に根ざして活動されている方が多いので、地域の身近な相談相手として日頃から頼りにしましょう。家庭訪問などもしてくれるのです。全国で約二三万人が活動しています。地元の福祉行政担当者、または社会福祉協議会事務局に行けば、その仕組みを教えてくれます。

民生委員の役割の中に、援助を必要とする方がいれば、能力に応じて自立した日常生活ができるように生活に関する相談に応じて助言その他の援助をすることや、福祉サービスを上手に利用するために必要な情報の提供をすることがふくまれています。ですから、そういう知識や情報もたくさん持ってくれているはずです。

●居宅介護支援事業所

ケアマネージャーの事務所と考えてください。たとえば一人暮らしの人が、ケガで、料理や買い物、掃除などの日常に支障が出たなどのときにどうすればよいか、相談してみましょう。在宅サービスなどを上手に利用できるように、心身の状況・環境・本人や家族の希望などを受けて、ケアプランの作成や、介護サービス事業者との調整、介護保険施設を紹介したりしてくれます。

要支援1から要介護5まで、介護の大変さの度合いもありますが、要支援1からでも受けられるサービスはありますので、早めに相談しましょう。

在宅の場合、ケアマネジャー（介護支援専門員）がいるのは居宅介護支援事業所です。要支援1・2の人の場合は地域包括支援センターの窓口に相談します。要介護1〜5の人の場合はお近くの介護支援事業所でケアプランを作成してもらえます。作成料は全額負担してもらえますので利用者負担はありません。

介護相談員

介護相談員とは、市町村が「事業の実施にふさわしい人格と熱意をもつと認めた人で、一定水準以上の養成研修を受けた人」として、市町村に登録されています。利用者から苦情や不満等をよく聞いたのち、事実確認を見極めたうえで助言したり、事業者側に問題提示したりして、サービスの質の改善へ向けての提案をします。そして、サービス利用者とサービス提供者、行政機関の橋渡しの役目も果たします。

市民後見人

介護のひとつの悩みに、お金のことがあります。認知症になった方が、ご自分の財産をちゃんと判断できずに浪費してしまうなどというときに、成年後見人を選び、財産の管理を任せることができます。

市民後見人は、成年後見人としての専門家ではなく、本人と同じ地域に居住する一般市民として、ボランティアで後見業務を行い、この業務を行う人のことをいいます。厚労省では、ファミレス（家族がいない、少ない）社会化で親族等による成年後見の困難な人が増えるため、成年後見の担い手として市民の役割が必要としました。市民後見推進事業として養成講座を支援し、市町村に企画実施してもらい、市民後見人の活用を推進しています。その役割は、審判申立てはしないですが、本人の意思の代弁や本人らしい生活の質の向上、適切な財産管理と本人の有意義な財産活用など、成年後見の担い手の活動をしています。

●認知症サポーター

高齢者が、認知症になっても住み慣れた地域で安心して生活できることを目的として、認知症の人が困っているのを見かけた時に、声をかける等、ちょっとした心配りをしてくれる方々です。

厚生労働省が「認知症サポーターキャラバン」を実施して養成を行い、二〇一三年では、全国に四〇〇万人以上の認知症サポーターが誕生しています。

日本生協連では、認知症の方にも安心して買い物できる環境づくりをめざして、宅配や店舗などで「認知症サポーター」育成のための養成研修を行って、認知症サポーターであるスタッフが全国に一万人以上いるそうです。こういった方が、これからも増え続ければ、いろいろな支援が受けられます。

CASE

孫に伝える〈ながら〉介護

D子は、高校受験を控えた息子D男と認知症の始まった母親との三人暮らし。夫は三年前に亡くなり、その後D子の母親と同居することに。仕事を手放していなかったので、経済的にもそれなりに安定して、和気あいあいと暮らしていた。

一年ほど前に腰を痛めて入院してから、母親は車いす生活になり、要介護2の認定を受けた。幸い勤め先の介護に関する制度も充実し、ケアマネージャーの立ててくれたケアプランにより、〈ながら〉介護は順調だと思っていた。D男もよく協力してくれた。

ところが、体が不自由になった母親に認知症の症状が出始めた。介助がないと歩けないのに車いすから立ち上がって何度も転倒する、一日に数十回も誰かに電話してしまう、調理をしようとして鍋を焦がすなど、目を離すと何が起こるかわからない。そのうえ、D子には毒のある言葉を投げつける。

毎日のことに困り果てたD子に、「オレがばあちゃんを殺して、母さんを楽にしてやる」とD男が言った。必死に押しとどめたが、よほど思い詰めていたのか、その後は不登校になり、とうとう入試を拒否して、浪人生活を送ることになってしまった。

▼回答

前のケースでも触れましたが、祖父母の介護は孫の精神形成に良くない影響を与えることがあります。このケースは、家族の不協和音を感じて、勉強に集中できなくなったのでは？　D男さんは、思春期の男の子ですから、おばあさんの介護に母親の気持ちがとられ、自分に十分なケアをしてもらえないのを不満に感じていたのかもしれませんね。さらに、おばあさんの状態が悪化して、母親がパニック状態になっている。短絡的に祖母を邪魔者と考えてしまったのかもしれません。そして、そう考えた自分を責めてうつうつとしてしまったのかも。

D子さんが悪いかというと、そんなことはありません。生活も、介護も一生懸命やっているのです。子どもにとっては、親のほうが祖母より近いわけですから、親をこんな可哀想な状況に陥れて、平然としている――認知症ですからそれは仕方がないのですが――祖父や祖母が憎いと思ってしまいます。

しかも、下手をすると生きる希望を失わせます。歳をとるとこうなるのかと思って……。なんの予備知識もなく、歳をとって認知症になる老人を見るのは嫌ですよ。ある程度自分が歳をとってくれば、「親はかくも老い給うか、これも人間の行く道」と精神的に幅をもって受け入れられますが、若い、自分の伸び盛りにそれを見せられたら、祖母憎し、祖父憎しにつながることもあり得ます。

ヤングケアラーという問題

これからは、孫世代が祖父母を担う若い介護者〈ヤングケアラー〉も社会的に顕在化してくるでしょう。専門家の間ではすでに問題の一項目になっています。

親世代が何らかの形で不在の場合、同居している孫世代が介護を担うというケースはよくあります。また、親世代は仕事が忙しいため、介護問題が起きたときに時間的余裕のある、学生だったり、バイトを主な収入源にしている孫に、「ヒマなんだから」と介護の役割が回ってくることもありますね。しかし若い人はこれから進学、就職、結婚という人生の基礎を築く大切な時期を迎えます。そうした未来を逸しないように心がけるのも、老親と育ち盛りの子にはさまれたサンドイッチ世代の役割です。祖父母と孫という世代と世代をつなぐ、人間関係の循環をつなぐ大きく、苦しく、でも成し遂げれば喜ばしい役割です。

D子さんのケースに戻りましょう。

D男さんがおばあさんを嫌うことを避けるために、D子さんがおばあさんの輝かしい時代の写真でも見せて、「こういう時代もあった」と教えてあげてください。そして、「その人も老いていく。人間というのは、盛りの時期、輝かしい時期を一生懸命努力して生きて、そして老いにたどり着く。そういった人を支えて一緒に生きていくのが人間の誇り」と、親のD子さんが教えてあげるのです。

介護という営みの中で、老いの尊厳、人間の尊厳、自分自身の尊厳が問われているのだと、中学、高校生くらいになったら、子どもに教えてあげてもいいんじゃないでしょうか。D子さんは、「自分はおばあさんの人間の尊厳を支えようとしている、十分にはできないかもしれないけどね、あなたも手伝ってくれたら嬉しいわ」と言っていいと思います。

「お母さんは、毎日人間の試験を受けるつもりで生きている。おばあさんも昔、素晴らしい人生の盛りを生きてきた人なのよ。今老いという試練を受けながら一生懸命生きているのよ」と。それは介護の前に崩れそうになる自分を支えることばでもあります。

アメリカやヨーロッパの老人ホームを訪ねるたびに、花嫁のときとか、大学卒業のときといった、人生華やかなりしときの写真、自慢の家族の写真がずらっと飾ってある光景に出合います。あるとき、写真の中の人と顔が似てるので、「お嬢さんですか？　お孫さんですか？」と聞くと、「私です」という答えが返ってきました。

その写真を見て、「有名な大学をお出になったんですね」と言うと、とても嬉しそうになさいます。これは一種の自分のデモンストレーションです。自分は、ただのヨボヨボばあさんではない、年老いるまで懸命に生きてきたのだ、という。こういった生涯のハイライトを見せて、どうだ、と若い介護者や見学者に示すデモンストレーションなのです。

人生の輝く時のアルバムを持つ

ですから、老人ホームに入るときは、自分の人生の良い時を写したアルバムを一冊持って行くように、と友人の沖藤典子さんがアドバイスしてくれました。さて、私はどんな写真を選びましょうか。

今、ここにいる、八十代、九十代の老人たち。耳も遠くなり、目もかすみ、判断も途切れたりしがちですが、生まれてからこれまでのかけがえのないひとつづきの人生があった。だれもが懸命に自分の幸せを追求してきた。そして現在、身体的にも精神的にも弱さを抱えた高齢者として存在する。それをD男さんに少しでもわかってもらいましょう。

昔のことわざに「姑の十八、嫁知らず」というのがあります。嫁にとって姑は、昔から小うるさい存在でした。今やしわくちゃの梅干ばあさんです。でもその姑にも、花恥ずかしい十八の時があって、それから数十年もの人生を歩んで今にたどりついたのです。

いろいろな感情があろうと、「おじいさん、おばあさんがいて、お父さん、お母さんがいて、今あなたがいるのよ」と言ってあげてください。今は、力の弱い、嫌味な、どうしようもないおばあさんだけど、お母さんを産み必死になって育ててくれた。不足を言えばきりがないけど、だからこそ、私がここにいて、あなたもいると。ことばには不思議な力があります。親の介護に疲れてヨレヨレ、心が折れそうになっているときでも、他者に向かって理想を語るとき、少しずつ心も理想に近づいていくのです。

〈ながら〉介護で、社会サービスに頼るのは当然ですが、家族でなくてはできない介護もあります。それはお年寄りの命を自分の命のつながりとして認めることだと思います。

人生を時代を超えて伝えていく、紛れもなくDNAでつながっているわけですから。言葉に載せて伝えるのが、親の役割になりますね。それを言うと言わないとでは、D男さんの心の持ち方に大きな違いがあると思います。

そうしてもう一度母親と共に少しでも祖母の介護に向き合いながら、あらためて受験し直してはいかがでしょう。応援してあげてください。こうした経験は決してマイナスにはなりません。

少し話を広げましょう。

介護予防に取り組む

せっかく、三世代で仲良く暮らしていたのに、おばあさんの腰痛が引き金になり、D男さんの受験拒否という問題につながってしまった。認知症も、体が自由に動かないために外出の機会が減る、といったことが遠因になっているのかもしれません。それで、介護予防について触れておきたいと思います。

これから老いを迎える方へのアドバイスとしてだけでなく、親を持つ人は親にも伝えていただきたいことです。

私たちが、介護保険などに精通して介護サービスを上手に使うことは、もちろんとても大切なことです。でも、そのもっと前提に、できるだけ介護される期間を短くするという考え方があります。お年寄りたちが理想とする「ピンピンと生きて、コロリと死ぬ」、いわゆる〈ピンコロ〉は、誰にでもできることではないですが、介護される期間を短くすることは、ある程度個人の努力でできるはずです。

食べるものに気を配ったり、運動したり、文化的な活動をしたり、生涯現役で仕事をしたり……。社会全体がこういった場に、お年寄りが参加しやすいような環境を作っていけば良いと思います。

たとえば、長野県は、減塩運動をして脳卒中を減らし、健康日本一になったといわれ、長寿日本一に近く、医療費が日本一低い県です。

長野県がなぜ健康日本一、長寿日本一なのか、それは決して減塩運動だけのせいではありません。

長野県は、図書館、公民館、美術館の数が日本一です。とくに公民館は全国平均の一〇倍。つまり誰でも使え、人と出会える場所がたくさんある、ということですね。

もうひとつは、栄養改善普及員、健康増進委員といった役割を自治体が数多く任命し、地域の中で活躍する人を増やしています。

減塩や野菜食が奨められ、土地のソウルフードとして、野菜を入れた「おやき」があります。その「おやき」の会社で働いている女性が、社長と一緒に地域のシンポジウムに参加され、その会社で一日六〇〇個のおやきを作っている「おやき名人」として紹介されました。当時の私より一歳年上の八十二歳とのことで、私はモーレツなライバル意識を感じました。

長野県は、男も女も高齢者の就労率日本一です。このことも大きく、健康によい影響を与えるでしょう。

働くことと高齢者の健康との相関関係は、今後ますます重要視されると思います。

コラム
すべての世代のための社会を目指して
――高齢者のための五原則

一九九九年は、「国際高齢者年」でした。覚えている方もいらっしゃるでしょう。国際連合が、「すべての世代のための社会を目指して」制定したものです。「高齢者のための国際原則」の普及と実現を目指した活動が行われました。

「高齢者のための国連原則」とは、次の五つです。

①自立　衣食住、医療、労働など所得を得る機会、教育、訓練、安全な環境での生活が保障されるべきである。

②参加　高齢者は福祉に影響する政策策定に積極的に参加できるべきである。

③ケア　法律や医療サービスへのアクセスを確保することにより、最適レベルの身体的、精神的および感情的福祉を達成できるようにすべき。その際、高齢者の尊厳、信条、ニーズおよびプライバシーも完全に尊重すべきである。

④自己実現　教育的、文化的、精神的および娯楽的資源に対するアクセスを確保し、潜在的能力を花開かせるようにすべきである。
⑤尊厳　高齢者は、尊厳と安全の中で生活でき、搾取および身体的、精神的虐待を免れ、年齢、性別および人種的あるいは民族的出自に関係なく公正に扱われるべきである。

大介護時代に介護に携わる方々は、この五原則をいつも胸において、介護される方に向き合っていただきたいですね。

「すべての世代のための社会を目指して」というコンセプトは、高齢者と様々な世代の人たちが「一緒に生きていく」社会ということです。

最近では、ショートステイやデイサービスなどの機会に、高齢者と幼稚園児や小中学生との交流を行っているところが多くあります。また、クリスマスなどの季節行事を、一緒に楽しめるように企画しているところもありますし、幼い世代と特別養護老人ホームなどの定期交流会などもあります。建物そのものを高齢者施設と小・中学校などと合築したり隣接して建築する、世代間交流形の施設も増えてきましたね。せっかくの長寿社会です。多様な年齢の人々が出会い、交流し、とくに若い世代に未来を考える機会として活かしてほしいと思います。

CASE

専業主婦の〈ながら〉介護

E男は地方都市で生まれ、大学入学時に東京に出て就職も東京だった。地方都市に残ったE男の母は老老介護で夫を看取ったあと、脳出血を起こし寝たきりとなった。介護保険サービスを使っても夜間のトイレ介助や身の回りの世話は難しく、長男であるE男の自宅マンションに引き取った。

老健施設でリハビリを続けて、寝たきりからは回復したが、長い期間の入院は許されないので、在宅介護を始めることになった。

E男の妻E子は、趣味のジャズダンスに打ち込む専業主婦で、介護は彼女の負担となった。

人間関係が濃い地方都市での要介護生活では、人との交流もあったが、人間関係の希薄なマンションでの暮らしは母親の気分を落ち込ませ、ふさぎこんだり、家族に八つ当たりをすることが多くなっている。E子もうつ状態になりつつある。

▼回答――

このケースは、介護される方ご本人の希望がどうだったのかにもよりますが、自宅だけで介護しようとしているのが間違いだと思います。

まず「夜間のトイレ介助や身の回りの世話は難しく」とありますが、現在では、小規模多機能施設のお泊りサービス（ショートステイ）もありますし、デイサービスはたくさんあります。小規模多機能施設は、二〇〇六年の制度改正で誕生した「二四時間、三六五日」の利用が可能な施設です。「通い」「訪問」「宿泊」と利用者のニーズに合わせて、組み合わせて使用できます。しかも要介護度による利用制限もありません。ただし登録が必要です。

E子さんが専業主婦ということは、このご家庭は経済的に恵まれていると想像されます。ですから、こういったサービスをフル活用すれば、お母様のご自宅での介護ももう少し負担が軽くなるでしょう。

介護の出発点は、情報を集めることです。情報不足だと、介護される人にとっても、する人にとってもQOL（クオリティ・オブ・ライフ＝生活の質）の高い介護には到達できません。

都市の、しかも地面からはるか離れたマンション生活ですから、近隣との人間関係が乏しくなり、とくに地方から出てきた高齢者にとっては環境が激変しますから、精神的に不安定になる人も出てきますよ。一戸建てならまだ、庭に出れば近所の人の顔が見えますけれど……。

『平成二十八年版高齢者白書』（内閣府）の介護を受けたい場所という調査では、高齢者自身の自宅を希望する方が、男性は四二・二％、女性は三〇・二％と一番多いのです。子や親族の家と答えた方は、男性で一・七％，女性で四・四％です。残る方は、ほとんど施設入所を希望しています。母上のように「子や親族の家」で介護されることを望む高齢者は、今の世では少数派です。

ですから母上の地元のご自宅で介護サービスを受けるか、地元の施設へ入るという選択肢もありました。何より優先するのは、意識がしっかりしておられるならば、ご本人の希望です。

地方の村を訪ねたときに、その村のお年寄りから聞いた話ですが、老人会の仲間が息子や娘の家に引き取られていくとき、その車を見送って、「あの人もとうとう子どものところに死にに行くんだねぇ」と話し合うそうです。

多くのお年寄りは、住み慣れたところ、「自宅」でできるだけ長く過ごしたいと願っているのです。ただしその自宅には、要介護になったとき、介護する家族がいない。やむなく息子の自宅に引き取るとなっても、マンションの間取りは、ふつう要介護の高齢者がいっしょに住むように作られていません。

E男さん宅のケースは、双方にとって不幸な環境です。E子さんにとっては、好きなことができなくてイライラするでしょうし、ダンス仲間とも疎遠になってしまいます。それに、マンションですから、地方の一軒家のように広くはないでしょう。嫁と姑が狭い屋内で顔を付き合わせて、庭先へ出て気分転換というような逃げ場もないのです。

介護サービスを十分利用する

短期的な解決策としては――お母様のお体がある程度回復なさったら、まず地域のデイサービスに、要介護度の許す限り通っていただくことです。だいたい一日六時間のサービスですから、その間にE子さんはジャズダンスに行けます。お母様自身にも年ごろの似通ったお友だちができるかもしれません。

介護による貧乏地獄の恐れはないようですから、介護サービスをできる限り利用してください。その時間を趣味の時間に使えます。上手に介護保険サービスを利用して、自分のやりたいことを諦めないことです。気持ちがすっきりして、お母様にも優しくできるでしょう。

ここまで来る前に、地域の介護サービスの情報を集めておけば、密室の中に引き取る形にしないですんだのではないでしょうか。

E男さんは、介護を身の回りの世話とだけ考えて、専業主婦なのだからE子さんに任せられると判断したのでしょう。でも、ちゃんと情報収集しておけば、お母様にとってもよりよい介護プランが立てられたと思います。

介護の責任者は、血縁者であるE男さんです。介護は、食事や排泄といった身の回りの世話をすることだけではないのです。介護に係わるすべての人の尊厳と生活を守るプランを立てること、そして最期まで見守ることが何より大切なのです。その覚悟を決めてください。

専業主婦だから面倒がみられるというのは幻想です。この例には出てきませんが、E子さんの側の親だっていつ介護が必要になるかわからないのです。

親を引き取るので看てくれ、「専業主婦なんだから当然だろう」と、男性の側は思いがちなんですね。専業主婦に対しては、「養ってやっているんだ」という考えが、夫の心の底にあるのかもしれません。

介護は、いつ必要になるかわかりません。同時多発介護という言葉もあるくらいです。夫婦それぞれの親は合わせて四人、祖父母もまだ元気かもしれません。もう「地震列島」どころか「介護列島」ですよ。すべてを主婦——女性に押しつけていたら、家庭は壊滅します。

地震は、三年以内○○%といった予測で、いつ来るか来ないかわかりませんが、介護はほとんど必ず来ます。もし、親がピンコロ（ピンピンコロリ＝元気でいて、長患いせずに亡くなること）だったら、介護にかかったであろうお金の一部を社会に寄付してほしいくらいです。ボランティア活動で、社会貢献していただくのでもいいですね。ピンコロ感謝基金を作りますか。

介護うつからの脱出

E子さんのうつを軽減させるには、みんなで支え合うことが前提です。この頃は、家族支援ということで、地域の社会福祉協議会、市役所、地域包括支援センター、「アラジン」をはじめとするさまざまなNPOなどが音頭をとって、「介護者の集い」を開いています。「○○カフェ」というのも盛んです（一七六頁に詳しく紹介）。ぜひそういったところに「介護者同士がお話できる機会はありますか」と相談してみてください。家の戸を閉ざしてしまわないで、自分から家の戸を広げていきましょう。

広げたドアの一方では、外から介護サービスに入ってきていただく。一方では自分がリフレッシュのために外に出ていくことが必要です。幸せを呼ぶ回転ドアです。介護している人の家ほど、介護しているおかげで、ネットワークができ、人の出入りが多く、人のつながりができたというようになっていくといいですね。

介護があったおかげでお友達が増えたなんていいじゃないですか。

認知症の方の介護者グループの世話役の方に、「お友達ができていいですね」と言ったら、「集まりも介護関係だけだとつらいですね。たまには、介護から離れて、踊ったり、騒いだり、買い物がしたい」と言われました。本当にそうだと思います。

いくら善意で皆が集まって介護をサポートしてくれているとしても、二四時間の思いがすべて介護漬けだったら、〈ながら〉介護にならないんです。一方でダンスをやったり、ゴルフをやったり、介護がなければ送れるであろう〈普通〉の生活がある程度確保されることが重要です。

「介護うつ」になる人も少なくありません。こういったうつの人をサポートするネットワークもあります（この後のコラムで紹介しますので、参考にしてください）。

こうしたネットワークに参加している人は、あまりうつにならないのではないかと思いますよ。ワーク・ライフ・ケア・バランスが取れていれば大丈夫です。

介護だけでなく、歳をとって力を失っていく〈老い〉を見守る覚悟が強くなければ。繰り返します。覚悟を決めるのは、E男さん、あなたなのです。

コラム

介護うつに負けないために

厚生労働省の調べによると介護者の二三％、およそ四人に一人が「うつ状態」にあるそうです（二〇〇五年）。うつ病の発症率はおよそ七％といわれますから、介護者は約三倍「うつ病」にかかりやすいのです。

一心不乱に介護に打ち込み、完璧な介護をしようとする、長い期間になればうまくいかないこともたくさんあります。それを「自分はダメな人間だ」と責め、無力感にとらわれてしまう、逃げ道がないと追い詰められてしまうのです。

介護は長期戦になりますから、無理や我慢を重ねていては続きません。〈ながら〉介護なら、〈ばっかり〉介護と違い、介護以外の日常があるのですから、うつ病にかかることはないと思います。

なんだか何もやる気がしない、体がしんどい、自分はダメな人間だと思ってしまうなどが病気のサインです。

こういった症状に気づいても、本人は隠します。ますます一生懸命介護を続けるうちに、どんどん病状が進行してしまい、ついには自殺を考えるようになってしまいます。

介護中だけでなく、介護されている方が亡くなったり、施設に入ったあとに、うつ病になる人もいます。これも要注意です。

うつのサインを見逃さない

介護うつは、早めに発見して治療すれば軽くすむといわれます。でも、本人がそこから抜け出すのは難しいものですから、家族や友人など周囲の人がサインに気づいてあげることが重要です。すぐに症状の改善に努めれば、回復までの期間も短くなります。

外からわかるうつのサインをいくつかあげてみます。

▼口数が少なくなり、会話がスムーズにできない。話しかけても反応が鈍く、どこかうわの空のように感じる。
▼新聞や雑誌の同じページを、ずっと見ている。
▼テレビを一緒に見ているとき、関連した話題を振っても話がかみ合わない。内容がわか

っていない感じがする。
▼身なりにかまわなくなる。ひどくなるとお風呂にも入らない。化粧をしなくなる、ヒゲをそらなくなる。顔の症状も動かない。
▼人と会いたがらなくなる。電気をつけないで暗い部屋でボーっとしている。
▼物を食べなくなり、体が痩せていく。

こんな症状に気づいたら、すぐに専門医に診せてください。比較的軽い症状の場合は「心療内科」がいいでしょう。ほとんど何もできないほどなら、「精神科」の方が良い場合もあります。「メンタルクリニック」という看板を上げている病院もありますね。

病院に直接連れて行くのがためらわれる場合は、地域包括支援センターなどで相談に乗ってくれます。

うつ病は、回復まで短くて一か月くらい、重くなると一年以上の時間がかかります。心身の休息が一番の治療です。その間、介護から解放してあげることです。

介護うつは予防できる

なにしろ「ひとりで抱え込まないこと」です。ひとりでできることには限界があります。うつ病は、がんばりすぎるからおこることが多いといいます。いい意味で「手を抜く」ことです。周りの目を気にしないで、開き直りましょう。

介護保険のサービスだけでは、在宅介護では介護者の負担が大きいです。経済的に許されるなら、民間のサービスを利用してください。

誰かに相談してみるのもいいですね。友人や知人の介護の経験者と話していると「ひとりだけじゃないんだ」と、救われることもあります。でも、そう頻繁だと相手の負担も大きくなります。そんなときは、市区町村で行っている介護者の交流会に行ってみるという手もあります。

同じ悩みを抱えている人たちと話し合えるのですから、悩みを思い切り吐き出せますし、情報交換もできます。新しい友人を作ることもできるかもしれません。住んでいる地域の地域包括支援センターなどに、連絡先を聞いてみてください。

無料で相談に乗ってくれる電話相談室もあります。

さて、最後に相談に乗る側の方へアドバイスです。「がんばって」は禁句のようです。もうすっかりがんばって、疲れ果ててしまっているのですから。相談者を肯定してあげてください。「あなたは、あなたのままでいい」と。そして「あなたの人生と介護される方の人生を両方尊重するという方法」を一緒に考えてあげてください。介護される方も、心の底では介護する方の幸せを願っているはずなのです。

第三章

定年後の〈ながら〉介護

CASE

夫が妻を看る〈ながら〉介護

F男は、長年勤めた会社をリタイアし、悠々自適の生活に入った。仕事、仕事で暮らしてきたので、これからは、長年支えてくれた妻F子と旅行でも楽しもうと、温泉に出かけた。

その旅先で、F子がくも膜下出血を起こし緊急搬送された。命に別状はなかったが、麻痺が残り車いす生活となった。幸い言語能力は奪われなかったので、コミュニケーションには不自由はない。

一人娘は、仕事の関係でニューヨークに赴任している。仕事を辞めて帰って来いとは言いにくい。

F男は、今度は自分が支えていこうと思ったのだが、食事の支度、洗濯、掃除をそれまでF子に任せきりだったので、どうしたらいいのか途方にくれてしまう。地域に親しい人もいないので、助けを求める人もいない。

▼回答

まず、一人娘に仕事を辞めて帰って来いと、絶対に言わない覚悟を固めてください。妻のF子さんは、たぶん五十〜六十代という、現代としてはまだ若いうちに倒れられたので、あと二〇年以上は生きる可能性があります。長期戦を覚悟してください。

経済的には大丈夫そうですね。それなら、F子さんには介護型の有料老人ホームに入所してもらい、F男さんは、できるだけ頻繁に通うというのはいかがでしょう。それが一番無理がないと思います。でも、F子さんが「在宅」を強く希望するかもしれません。長期戦ですから「がんばれるところまで」と定めて、介護サービスをフルに使って「当分在宅」という選択肢もありますね。

似たようなケースで、妻を犠牲にしてしまったという思いから、急に良い夫になって、一生懸命、片時も離れず介護する方もいます。どうするかは、ご夫婦のお考えによります。

F男さんが新しい仕事に就くとか、趣味の時間を作ったり、たまには旅行を楽しむために、〈ながら〉介護ができるよう、ケアプランを立ててください。介護〈ばっかり〉では、長期戦を戦えません。

F子さんを施設に預けたとしても、今度はひとり暮らしになりますから、身の回りのことはすべてご自分でやるようになります。男性は、炊事、洗濯、掃除といった自分の身の回りのことができない人が多いですね。最近は、洗濯、掃除は機械が助けてくれますので、慣れればなんとかなります。

食事の自立を目指す

一番大変なのは食事ですが、栄養バランスや経済面からも自分で作るに越したことはありません。

料理ができるようになるには、それ以前に、食材を準備する「買い物」が必要です。スーパーなどで旬の食材を探し、できるだけ経済的に、安く手に入れて、献立を考える、といったことは、気持ちを高揚させ、脳を活性化させます。よく買い物をする人は、心身の健康状態が良い、という研究があるくらいです。

高齢社会白書によりますと、六十五歳以上でひとり暮らしの男性が一九二万人（二〇一五年のデータ）。これは六五歳以上の男性人口の七・五人に一人にあたります。決して少ない数ではありません。そういう時代ですから、各自治体やＮＰＯが男の料理教室を開いていますし、「男子厨房に入ろう会」といったネットワークもありますから、ぜひチャレンジしてみてください。

作るのがつらいときは、コンビニ弁当や惣菜などを利用することもできます。最近は、本当に便利に多様化しています。

自分で家事ができるようになれば、F子さんを施設に入れてひとり暮らしをするか、在宅介護で一緒に過ごすか、どちらもが選択肢になります。

最初に、施設介護をお奨めしたのには、理由があります。実は、男性の介護の一番の問題点は、「虐待」なのです。男性の多くは、家事を女性に任せっきりにしてきました。介護を始めるにあたって、介護という他者の世話以前に、料理をはじめとする日常茶飯事の前で立ち往生してしまいがちです。精神的なゆとりを失い、自信を失って、キレやすくなり、つい虐待に走ってしまう、こういった悲劇を多く見聞きしてきました。高齢者虐待に関する調査を見ると、被害者の約七〇％が女性、加害者の五九％は男性で、続柄は一位息子、二位夫です。家族介護者の男性割合が三〇％程度の中では、これは大きな数字です（二〇一五年度調査）。

F男さんも、会社では自信にあふれて仕事をされていたと思います。家事は妻任せで慣れていません。

私が代表をつとめる高齢社会をよくする女性の会の会員で、首都圏在住の方のお話を紹介しましょう。彼女が風邪で一週間ほど寝込んだとき、定年退職した夫君が看病してくれたそうですが、作ってくれた食事が、一日目はモヤシ炒め、二日目はキャベツ炒め、三日目がまたモヤシ炒めのくり返しでした。感謝はしたけれど、将来自分が倒れて介護を受けるようになったら、毎日の食事がこれではたまらないなぁとつくづく思ったそうです。彼女は、きっちりと家事をこなすタイプの専業主婦です。夫君は、穏やかな方ですが、元大企業の幹部で〈仕事ばっかり〉タイプです。

〈ばっかり〉人生を見直す

しかし、日本の男性は、買い物や料理という楽しいことを女性任せにして、なぜ自分の権利を手放したのでしょうね。連れ合いに先立たれることもあるのです。今からでも遅くはありませんので、ぜひ買いもの上手、料理の達人、食の達人を目指してください。

「地域に親しい人間がいない」という方も男性に多いですが、自分から外に出て行って、困っていることを相談すれば、相談に乗ってくれる人が必ずいます。

妻を介護してるんだと情報公開して、男のための料理教室に通ったりすれば、助けてくれる友人もできます。定年後は時間の余裕があるのですから。男性は女性の中に入ってくるのが苦手ですから、最初は男性の多い地域カフェなどがお奨めですが、身近にあるといいですね。待っていないで、自治会役員やちょっとした世話役に、みずから手をあげる勇気をもってください。仲間がいれば、定年後の生活が妻の〈介護ばっかり〉になるリスクは少なくなります。

人生一〇〇年社会では、男も女も自分の身の回りのことぐらいできて当たり前と考えて、子どもの教育にも取り入れていきたいですね。妻に死なれると、コーヒーの淹れ方もわからない、パンツの置き場所もわからないといった男性は、生活者として失格です。多くの女性のように細やかにとは望みませんが、自分のことを自分でして、食べて生きていくというのは自立の証しです。家事ではなく「自分のこと＝自事」なのです。

昔の親は、自慢の息子に良い嫁を「もらって」、自分の介護をしてもらおうという意識がありましたが、現在の統計では、夫婦間の介護を一〇〇とすると、妻が夫を介護するのが七五％で、夫が妻を介護するのが二五％です。数にすると、妻を介護している夫の数は一〇〇万人ぐらいになります。比率は四分の一と小さくても、数としては大変な数です。これからはもっともっと多くなっていくでしょう。

男性は漠然と、妻が自分を介護してくれると思っているようですけれど、相当な確率（四人に一人）で自分が妻を介護する可能性があるのです。

妻を介護するのは夫かもしれない

男性が奥さんを介護しているのを見ると私もつい気の毒に思います。古い男女の固定観念のイメージに反発を感じてきましたが、妻を介護する夫や、親を介護する息子は気の毒と、理屈より先に情の方が先に立つのですね。でもね、よく考えてみると、これは長い長い間の慣習の中でできあがったイメージなんです。

藤沢周平の秀作短編『たそがれ清兵衛』。武士が寝たきりに近い妻を懸命に介護する姿と、武士社会である周囲のおおらかな容認の様子が、美しくかつユーモラスに語られています。もちろん小説ですけれど。藤沢さんてすばらしい作家だった、とあらためて思います。

介護とは、食事をさせ、抱き起こし、一番大変な排泄の世話をする、と考えてみると赤ちゃんの全身を介護していたということの延長線上にあるとも考えられます。

赤ちゃんのケアと高齢者のケアで決定的に違うのは〈重さ〉なんです。介護というのは、ある面からみると〈重さ〉との戦いです。〈重さ〉というのは、昔、労働基準法上の問題になっていました。現在の男女雇用均等法以前は、女性は弱者という位置づけで保護されていました。その代わり、待遇の不平等も容認されていましたが……。

かつて労働基準法施行規則に「断続的作業二五キログラム以下、連続的作業一五キログラム以下」と女子には重量物制限の規定があったのです（現在も女性労働基準規則二条一項一号で、妊産婦の保護として一八歳以上は、「断続的作業三〇キログラム以下、連続的作業二〇キログラム以下」と定められています）。労働基準法上、重量物を女は持ってはいけませんでした。でも、二五キロ以下の大人なんてめったにいませんよ。看護婦さん二人が、ベッドからストレッチャーに患者の頭と足を持って移動すると、厳密に言えば旧労基法違反だったのです。

もっと大変なのは、家族介護者です。少し前まで家族介護者のほとんどは嫁だったわけですが、介護されるお年寄りの中には重い方だっていらっしゃったでしょう。それを嫁一人に任せておいて、はっきり言って、十分な介護ができていたはずはありません。もっとも家族や家事使用人には、今も昔も労働法は適用されません。

介護保険の前段階として一九八九年から、ゴールドプランという名で、在宅サービスが推進され、デイサービス、ショートステイ、ホームヘルプが普及していきました。もう一つの柱として、入浴サービスが行われました。現在の介護保険では、一割負担の場合、一五〇〇円くらいでサービスが受けられます。

私は、なんでもやってみよう精神で、体験入浴してみたことがあります。マイクロバスのような入浴車が来て、人員は運転手の男性もメンバーに加わり、三人がかりの大仕事でした。三人のプロがいればさすがに手際よく短時間でさっぱりすることができました。私は、もちろん水着を着ての「体験」でしたけれど。

F男さんのケースでは、経済に余裕があれば、元気な方も要介護の方もご夫婦で入居できる有料老人ホームに入るという解決方法があります。最近はサービス付賃貸住宅（サ付住）という選択肢も増えました。いずれにせよ、一定のお金が必要です。介護の沙汰も金次第というのが、残念ながら現状です。その中で最良の選択をしましょう。

長期戦が先にあることも考えて、お金を含む介護プランを立てておくことが必要ですね。〈ながら〉介護は、男も女も家事ができる人間になろうというすすめでもあります。女はこれまでも〈ケアウーマン〉ですから、男にも〈ケアマン〉になってもらいましょう。

それこそ〈介男子〉！　快男子！

コラム

男子厨房に入る

■男性は介護が苦手

大介護時代ですから、男性も介護の当事者になります。

かつて厚生労働省のポスターは言いました。「育児をしない男を、父とは呼ばない」。そのころ私は、それを「介護をしない男を、人間とは呼ばない」と言いかえています。介護は人間しかしない、他の動物は決してしない営みです。ですから、介護することは人間の証明です。

つい最近まで、いや今でも性別役割分業という考えがあって、男性は小さい頃から、「家の仕事はいいから、勉強しなさい」と育てられてきました。一九九〇年代の半ばまで、男子は中学・高校で「家庭科」を学んでもいなかったのです。そのうえ、就職すれば長時間労働、遠距離通勤で、家事に回す時間がない。ですから、炊事、洗濯、掃除といった家事一般は妻任せ、自分では全くできない人間になってしまうのです。

しかも、「男らしさ」という呪縛があり、弱音は吐けないと考えていますし、いざ介護に直面すると仕事と同じに「完璧に」介護しようとし、でも住んでいる地域に人的ネットワークがない、このままでは介護うつになりかねません。

ここは、しっかりと〈ながら〉介護を実践してもらって、〈介護ばっかり〉にのめり込まないようにしてください。男性が介護離職ゼロを目指して会社の制度を変えていく原動力になると、当然、女性にも働きやすい会社になるはずです。

■食事作りと買い物ができるように

男性介護成功のコツは、「日常茶飯事」を軽々とこなすことです。

こまごまと面倒をみてくれた妻や母親がある日突然倒れて介護が必要になった途端、今まで全くやったことのない炊事、洗濯、掃除にすぐに対応できるわけがありません。

ここでは、栄養学の専門家で、現在神奈川県立保健福祉大学学長の中村丁次さんの論をご紹介しましょう。中村学長は『女はなぜ男より長生きなのか』(はまの書房、一九九八年)という本の中で、食生活を観察すると、生活習慣として、女の食生活のほうが長生きに向いているので、「食生活を女性化せよ」と説いています。

例えば、「外食はせず、うちへ帰って、妻と無駄話をしながら、ゆっくりと食事をする男は長生きする」。これは栄養学的な裏付けがあるようです。

「早食いはよろしくない」。ゆっくり食べるためには何でもいいのです。もう顔も見飽きた中年夫婦は、テレビの助けを借りなければ会話になりません。どうぞテレビをつけて、話もシリアスになると消化によくないですから、テレビに出てくる関係ない人の悪口でも言いながら、ゆっくりと食事をすると、まことに健康によろしいようです。

中村学長の提言の中で「買い物をせよ」があります。これは、公衆衛生学の分野でも立証されています。買い物行動をする高齢者と、買い物行動をしない高齢者とで、一定の条件の下で調べてみると、はっきりと買い物行動をする人のほうが健康寿命が長いそうです。

このところコンビニが高齢者向けに整備をすすめています。買い物というのは、究極の自己決定権であり、自分の目で選び、この経済社会において財布の自由を持つということは、かなり基本的な権利の一つではないかと思います。特に行動範囲が狭くなる高齢期において買い物の意味は重くなります。「老年よ、財布を抱け」です。

男性の介護全般については、「男性介護者と支援者の全国ネットワーク」があります。会員制ですが、会費は低額です。介護に関する情報の提供、会員の交流、研究会などを主催しています。

男性の多くは企業戦士で、長年にわたって築き上げた社会的スキルがあります。孤立していてはその力は発揮できませんが、まとまれば、社会を動かせます。介護を通じて、それまでと違う形のネットワークをたくさん築いてください。

第四章

変わる家族の現実、介護も変える

他世代への想像力をもって

人生の営みの中で、未来に向かって「子育て」が最重要課題であることは議論するまでもないことです。若い世代が結婚するに足る収入を得る職場があることは、その大前提です。そして子育てを父と母が分かち合えるような働き方。政府は「育《イク》メン（育児に積極的に参加する父親）」「育ボス（育メンを推奨する管理職）」の支援を打ち出しています。遅かったとは思いますが、もちろんすすめてほしいことです。

母親の就労を支援する職場の環境整備はもちろん、地域の保育所づくり、働いていてもいなくても、地域に孤立した母親を置き去りにしない子育て支援、いっさい含めての法的整備――。ようやく世界の動きに押されて、何よりも日本人の長寿化、少子化という人口構造の変化に促されて、女性の就労と子育て環境の整備に、初めて国はそれなりの予算をとるようになりました。

今からほぼ一〇年前、二〇〇九年のことですが、医療・介護など高齢者向けだった社会保障費に、子どもの保育にかかわる費用が計上されるようになりました。「子育ては家庭の責任」と決めつけていた時代から「みんな揃って子育て支援」に転換した、歴史的なできごとでした。

私はこの本を、主として高齢者介護を中心に書きすすめていきます。でもその前に私を含めて高齢者には、ほんの少しでも未来のこと、次の世代のことを考えてほしいと思っています。

もちろん高齢者がないがしろにされては、いずれは歳をとる次世代や若者だって自分の未来に希望がもてないでしょう。世代間をつなぎ、多世代が共存する年齢の多様性に満ちた一〇〇年ライフを築くために、だれもが別な世代に想像力を働かせることが必要です。想像力から生まれる創造力こそ希望の星です。

新しい時代を生きる若い世代の希望を育て、絶望を乗り越える手助けをする必要という か義務があると考え、私たちは、新しく子育て予算（約七〇〇〇万円）が成立する二〇一二年、「にっぽん子育て応援団」をつくって、応援の集会を開くことにしました。現役世代から勝間和代さん、安藤哲也さん、祖父母世代から堀田力さんと私。世代も男女も平等な四人の共同代表です。

何しろ前代未聞の高齢者が多い時代の到来ですから、私はこれからも高齢者の立場から主張を続けるでしょう。そのときも、若い世代への配慮と関心、未来を共に築く心構えは、絶対に忘れまいと思っています。それは、さまざまな苦難にもかかわらず、こうして長生きできた私たちの義務でもあります。一〇〇年ライフ初代としての経験、一代では解決できなかった宿題や数々の失敗や手ぬかりについて、語り継ぐことはたくさんあります。長生きできた私たちからの「社会的年の功」によるメッセージです。私たち世代は、高度経済成長の余慶を受けて、豊かな思いをしてきました。持続可能な未来のために心を馳せ、力を出す。「食い逃げするは高齢者の恥」と思っています。

緊急ボタンが点滅する介護問題

そして今、緊急ボタンが点滅しているのはやはり介護です。子育て支援の結果が出るのには時間がかかるだけでなく、子どもの成長には時間が必要です。しかし介護のほうは、もう待ったなしです。すでに要介護高齢者（介護保険要介護認定・要介護1以上）は、約四五二万人（二〇一七年一月、厚生労働省調べ）。さまざまな意味で話題の認知症の患者数は、二〇一二年には四六二万人弱、二〇二五年には、七〇〇万人を超える、とも言われています。

直近の国民生活基礎調査（総務省）では、要介護になる要因の第一位にはじめて「認知症」（一八％）がランクされました。

今後二〇年から三〇年の近未来で言うならば、同じ家族のケアと言っても、子育てに励む人よりも、親や祖父母の介護に直面する人の方がずっと多くなります。早い話、結婚しない人、子どもをもたない人は今も増える傾向にあります。すなわち、子のない人はまだ増えていくでしょう。子育て支援に手をゆるめることはできません。

一方で、親のない子はいません。すべての人は親から生まれます。そして親の寿命は延びつづけていますから、その人の生涯の中で、同居・別居にかかわらず親とともに生きる時間は長くなる一方です。

かつて人口学者の阿藤誠先生（国立社会保障・人口問題研究所名誉所長）と、昔に比べて親子が共に生きる時間がはるかに長くなったこと、夫婦期間も祖父母・孫期間も長くなったこと、などをお話ししたことがあります。

ある雑誌の対談で現代を「大シングル時代」と表現したのは阿藤さんでした。私が言う「大介護時代」とは、人口論的に見てもそれと対《つい》の関係にあります。阿藤さんの著書『現代人口学』のなかに「持ち親率」ということばが出てきます。

それぞれの時代の初婚年齢から二年目に生まれた女児が五十歳になったとき、両親のどちらかが生存している確率は、戦前の一九二〇年（大正九年）には二一％で、五人に一人しかいませんでした。戦後の一九六〇年（昭和三十五年）には五六％と過半数に達し、二〇〇〇年（平成一二年）には八三％に達しています。さらに一七年を経て、寿命が長くなった今の五〇歳の「持ち親率」は九〇％を超えているかもしれません。

親・子・孫の三世代が同時に生存する確率が高くなったということは、その昔、幼くして頼りの親が死亡し、悲惨な目に合う子が多かったことを思えば、子世代の幸せを支え、社会の安定にもつながる、まことにめでたいことです。

一方で五十歳持ち親率九割ということは、今働き盛りの人たちには、これから介護という役割が待ち受けていることになります。

これらの推計は「女児」を軸に据えていますが、戦前は男女の初婚年齢の差が大きかったからでしょう。戦前、平均で四歳ほどあった夫婦の年齢差は、今や一・七歳と縮小し、同年齢婚の割合が一番多く、いわば「友達婚」が増えています。ですから「持ち親率」については、男性もほぼ同じと考えてよいでしょう。

総長男長女時代がやってきた！

くり返しますが、世の中に、子をもたない人は増えていますが、親のいない人はほんとうに少ないのです。そして、少子化によって、親の介護にあたることができる子どもの数も激減しました。

戦前五～六人きょうだいが当たり前だった時代を経て、一九三〇年代生まれ、つまり今の八十代女性の平均出生児数は二・二人になり、半分以下に激減しました。日本の根底を揺るがす「真の少子化」は実はこの時期（一九四五～一九六〇）に完成してしまったわけです。それ以前は長男が親の跡を取り、女性は長女といえども「他家に嫁す」存在、いわばその他大勢だったのです。

それがあっという間にきょうだいは平均二人に減少。ということは、親からみて子どもの続柄は「長男・長女」が圧倒的多数という時代に様変わりしました。もう相手の生まれ順など気にしていては、数勘定の上で結婚できません。「家」が続かなければ、お墓も怪しくなります。長男長女が結婚した場合、墓も仲よく合併して両家の家族が連れ立って賑々しく墓参りに行くよう心掛ければよかったのです。

ところが実際はそうはなりませんでした。きょうだい数の減少という厳然たる事実があり、わが家にも二人そこそこしか子どもがいないのに、結婚相手には、相変わらず実家に責任のない次女次男以下を求めてきました。

一九九七年の独身男女に対する調査（国立社会保障・人口問題研究所：出生動向基本調査）によれば、結婚相手に望むものとして「自分の親との同居」を重視する男性が五八・九％、忌避の条件として「相手の親との同居」を重視する女性は七八・八％に達しました。どちらも親思いで常識や慣習に逆らわない息子・娘たちです。しかし、双方の持ち親率がぐんと高くなり、長男長女が多数派となった時代に、親と子どもも当事者の考えが変わらなければ、結婚は成り立ちません。

こういった常識を変えられず、長寿社会への変化についていけなかったことが婚姻率の低下、ひいては少子化につながり、さまざまな解決すべき問題を残していったのです。

大シングル時代に突入した

私は、私たち世代、二人っ子・長男長女の親たち（現在七十〜八十代）が、自分の側に子夫婦を引き寄せたがったのが良くなかったと思っています。

現在の六十代後半の世代がいわゆる結婚適齢期の頃までは、日本は大変婚姻率の高い社会で「結婚好きな国民」「皆婚社会」といわれました。

また、非嫡出子への差別と偏見が大きかったせいか、日本人は子どもの嫡出性にこだわり「できちゃった結婚」というように、妊娠がわかると周囲が何としても結婚させようとします。安定した長期的同居生活を送るカップルやその間に生まれた子が全く差別されないヨーロッパの国々（たとえばスウェーデン、フランス）は事情が違い、婚外子も多数存在します。

日本では、非嫡出子の相続分は長いこと嫡出子の二分の一でしたが、憲法違反という最高裁判所の決定が出され、これを受けて民法が改正されました。平等になったのは、ほんの数年前のことでしかありません。

さらに私が「介護シングル」と呼ぶ現実をも生み出しています。

親や祖父母の介護が自分自身の就職時期と重なって、生涯の就労機会を奪われた人は、女性だけでなく男性にも及ぶようになってきています。

ある集会で出会った男性は、介護保険以前の時代から、介護のためにつくった借金を返しながらの生活で、貯金ゼロ。典型的な「介護シングル」であり、「介護非正規」です。この男性に、私は「何とか正規への道を」「職場以外に世間を広げて生き方の多様性を」「介護を軸に人間関係を広げよう」と言うしかありませんでした。

今、就職時期に介護に直面して立ち往生している若い世代がいたら、介護保険制度内外のあらゆるサービスを利用して就職の時期を逃さないように心からすすめます。介護保険制度の中に、介護家族の就労支援に配慮したサービスを組み込んでほしいものです。就活ショートステイなど認めてもよいのではないでしょうか。

今、男性の三〇%にのぼる非正規就労者の中に「介護非正規」と呼ぶべき人々は、確実に増えているはずです。

ここで「介護シングル」についてもうひとこと。

非婚率は、少子化と歩調を合わせるように急激に上昇しています。

たとえば、きょうだい五人時代の一九三〇年生まれの生涯未婚率は五%ほど（生涯未婚率＝五十歳までに結婚しなかった人）。当時は欧米先進国と比べても低く、「日本人は結婚好きな国民」と呼ぶ家族社会学者もいたくらいです。

最近の統計では、五十代の男性で四人に一人、女性で七人に一人が未婚です。日本はたった一世代か一世代半ほどで、世界に冠たる「結婚好き」な国から、「結婚の少ない」国に変わってしまったのです。あえて「結婚嫌い」な国民とは言いませんが。

さまざまな世論調査を見ると、若い世代は男女とも結婚願望が高く、結婚を初めから望まない人はごく少数でしかありません。

しかし日本は結果として少婚化社会になっています。かつ結婚しないと子を生まない社会ですから、それはイコール少子化社会を加速させます。

結婚が減って少子化した最大の理由は、ここ二〇年にわたる景気の低迷、規制緩和政策による労働者派遣事業法などによる雇用の劣化でしょう。男性も女性も不安定な雇用と先行きの見込めない低収入の中で、世帯を持ち子をつくる勇気など出るはずがありません。

私は今でも、二〇〇〇年前後の日本政府が、一方で少子化を憂うるポーズを示しつつ、どうして若い世代の非正規化をすすめる政策をとったか不思議でなりません。なぜ生活安定の基礎となる社会保障費の節減をはかり、国民の安心を細らせたのか、不可解です。国民はおとなしくその「痛み」に耐えました。その代わり結婚を先延ばしし、結果として、子どもはより少ししか生まれなくなったのです。

介護シングルの増化

ここで、介護支援と少子化との関係を指摘しておきたいと思います。

急激に少子化した時代に生まれた娘たちは、農村でも都市でも、「長男と結婚したくない」と思っていました。自分も実家の長女だったり、兄や弟は遠隔地に出て一人っ子同然だったり。少なくとも、どうせ介護するなら、恩愛の情あふれる実の父母を看たい、と思うようになったのです。きょうだいが少なくなって、女の子も差別されず進学させてもらい、実家の居心地がよくなったせいもあります。

人口論的には、このころから青年期の世代は長男と長女が多数派を占めるようになりました。親たちはまだ要介護に程遠い五十代でしたが、自分たち五～六人きょうだい世代の常識でしか子どもの結婚を考えられませんでした。足もとに人口構成の大変化が起こっていたのに。

「うちに仏さまが二つになったらどうするの」

「あなたは長男なんだから、実家の親の面倒を背負った娘さんは困ります」

「あなたは長女なんだから、婿養子とはいかないまでも、ウチのそばに住んでくれる男性でないと」

露骨に口に出して干渉する親もいれば、親は何も言わなくても、親の関心が老後の介護であることを敏感に察知して、自己規制する娘・息子たちもいました。

これが私の言う「介護シングル」です。まだ親たちに介護の事実が発生しているわけではないですから「潜在的介護シングル」と言うべきでしょうか。彼らがいわゆる結婚適齢期にある一九八〇年代、介護はすでに社会に顕在化し、人々の心配の種となっていました。一方で介護の社会化という声はまだ遠く、人々はなんとかわが家での「介護の安心」にこだわっていた時代なのでした。介護保険制度の論議が始まるのは、一九九〇年代の半ばからです。

介護問題は少子化の遠因

この点、日本社会は変化への対応に失敗したのです。少子化・総長男長女化という変化から目をそむけ、昔からの家族の習慣にしがみつきました。その結果、あっという間に婚姻率が低下して、五十代から下の人は、男子が二七%、つまり四人に一人、女子一三%、つまり七〜八人に一人が、独身のまま五十代を生きる。それはくり返し述べたとおりです。結婚ばかりが能じゃない、子のない人生も一つの選択です。おひとりさま増加で何が悪い？　そのとおりです。人生の生き方は個人の選択の自由を基本とします。私がここで言いたいのは、若い世代がもし結婚を望むならば、安心して結婚できるように介護の社会化をもっと早くすすめるべきだった、ということです。

多くの娘、とくに長女たちは、目の前の介護役割が「嫁」に重すぎることにたじろぎ、結婚に前向きになれませんでした。長男たちは気がつかなかったか、あるいはやはり気が重かったたか。そして世は「結婚難時代」に入りました。

「介護シングル」とかつて私が呼んだ男女が、今六十代にさしかかり、この時期以降の非婚化傾向の先陣を切っています。結婚する、しないは、もちろん個人の自由です。でも、親の介護の重圧を予測して結婚をさし控えたとしたら、それはその当時のおとなの責任です。

介護シングルも介護離職も介護不進学もない社会をつくるのが時代を生きるおとなの責任です。

女、三度のすべり台、最初は出産

それまで中年で仕事を辞めて介護に従事するのは、ほとんどが女性でした。女性の就労は、生涯にわたって家族のケアのため中断されました。一生に三度のすべり台があるのです。

第一は妊娠・出産。このすべり台で今も働く女性の六割近くがすべり落ちます。六割近くが自発的退職といっても、その二割近くがもし職場条件がもう少し育児と両立しやすいものだったら勤め続けたかった、という意向を明らかにしています。

こうして出産退職した圧倒的多数派のうち、職場がどこであるかは問わず、正社員として再就職できた人は、「一年以内」に復帰した人が一七％、それ以上家庭にいる期間が長くなると、全体として一割そこそこです。

女性の就業率六六％とわずかながら上昇傾向にありますが、三十代における労働力率は六〇％台に低下し、いわゆるM字カーブはいまだに解消していません。女性が仕事と子育てを両立する環境が職場にも地域にも乏しいことが、少子化の大きな要因、ということがようやく社会全般に理解されてきました。その間政府機関だけでも、少子化対策にかかわる検討会・研究会が二〇近くもでき、共通する内容の報告書を出し続けてきました。

今や企業・政府も「待機児童ゼロ作戦」を打ち出し、職場は「ワークライフバランス」を掲げて育児休業の取得を促し、さらには「イケメンよりイクメン（育児する男性）」と厚生労働大臣まで身を乗り出してのキャンペーンなのです。この流れに沿って、育児で退職する女性が減り、あるいは退職しても再就職が可能な社会をつくることによって、女性を含め個人は生涯の生活設計の安心を得、国家社会は安定した税収と社会保険料を期待できるのです。あらゆる男女の就労継続こそ、女性の老後、はたまた男性の老後に待ち構えるＢＢ（貧乏ばあさん）、ＢＧ（貧乏じいさん）防止の最善の策です。

最後のすべり台は介護

女性の就労二度目のすべり台は、夫の転勤、子どもの教育、離婚に至る家庭不和など複合系、複雑系です。ここでもキャリアからすべり落ちる女性は多いのです。仕事と子育てとの両立困難が、その後の生涯にわたる女性の非正規雇用化を促し、低収入、低年金の原因となっています。

その女性の低い生涯収入に、最後の止《とど》めを刺すのが介護です。

私はいつも、家族任せの介護が次の世代の正規就労を妨げ、ひいては非婚化、少子化の遠因となると考えてきました。介護がいくら「人間の証明」であり「社会の品格」を示すものであっても、若い世代の家庭と職場へのまっとうな参入機会を阻害するとしたら、それは歪んだ姿ではないでしょうか。

「介護する人の幸せ」を台なしにし、まして次の世代の自立と社会参加の夢を摘み取った上に、「介護される人の幸せ」は決して花開かないのではないか——と。

今から数十年前に『婦人生活』という主婦雑誌を出していた出版社が、その後『やさしい手』という高齢者介護を柱とした雑誌を出版していました。年に一度、読者から介護体験記を募り、誌面に優秀作を発表する、そんな企画が数年続き、私は応募作の審査員をつとめていました。

ある年の一つの応募作が今も心に残っています。大学を卒業しようという女性が筆者でした。

父方の祖父母が遠い郷里にいて心身が不自由になったのです。長男である父を含む数人の子どもが協議しましたが、一族郎党の中で「一番身が軽いのは私だということになって」介護者として白羽の矢が立ち、卒業とともに移住する、とありました。中年の父母も、父の他の兄弟も、家族を抱え、仕事を持っています。就職が決まっていない女の子に介護役割が回ってきたわけです。本人はその事実を淡々と諦めた筆致でつづっていましたが、私は彼女の将来を思って暗澹としたのです。

時間的に先の知れぬ介護、その間に彼女は就労の機会を逸し、仕事上の熟練による能力発揮の時間を失い、たぶん結婚の機会も失うことでしょう。山田昌弘さんのいう「パラサイトシングル」のほうがはるかに人数は多かったでしょうが、少数ながら同じ時期に「介護シングル」が進行し、やがて拡大していったのです。

介護の仕切り直しへ動き出す

今こそ、家族の減少、老老化、おひとりさま化、ファミレス化の実態をあらためて認識して、日本の社会全体が介護の仕切り直しをする時期です。幸いにしてようやく政策が動き出し、女性活躍、総活躍、働き方改革、大介護時代=大シングル社会、一〇〇年ライフの生活設計など時代のキーワードが響き合って、新しい介護のあり方を設計する機運が広がってきました。

日本の家族形成に今や大きな圧力となってきている介護。婚姻率低下や少子化促進の原因ともなっている介護。この介護をよりよく分かち合い支え合ってすすめれば、日本の未来は明るくなります。介護を国民一人ひとりの人生に取り込み、他のさまざまな生きがいと両立する社会システムをつくれば、ほんとうの意味で介護大国になるでしょう。一人ひとりの介護の負担は精神的にもぐっと軽くなるでしょう。今まで本人と家族、そして今、介護福祉事業者だけが向き合っていた介護に、多くの人の働き場所である企業が踏み出してきています。

日本の誇る科学技術を駆使して介護の負担を軽減するロボットなどの開発も進んでいます。

厚労省がすすめる、地域全体で高齢者はじめサポートを必要とする人への「地域包括ケア」構想は、ようやく人々の理解を得られるようになりました。

一方、全国各地に民間から自然発生的に、あるいは行政の働きかけもあるのでしょうが「○○カフェ」（一七六頁から詳述）が広がっています。困りごとを語り合う、支え合う方法を考えあう、グチや悩み事から共助が始まるという、戦後日本でも初めて見る風景ではないでしょうか。

今まで述べてきたことをまとめて言うと、私はプロローグで述べたように介護の四原則を次のように考えます。介護四つ葉のクローバーです。

・介護は人間しかしない、人間の証明である大切な営みです。
・その介護を社会がどう支えるか、そこで社会の質が問われます。
・介護する人が自分の人生の志や仕事を失う社会は、豊かな社会とは言えません。
・介護する人が幸せでなかったら、介護される人も幸せになれません。

新しい介護のしかたを私は「〈ながら〉介護」と呼んできました。その人らしい人生の多様な内容を享受しつつ、自分が幸福になる道を閉ざされない。人生の目的を達成しながら、人間の証明である介護もしていくのです。介護一辺倒にならず、さまざまな色合いの人生目標に取り組むことができる。人間そもそも多様で多面的な存在ですもの。それは憲法に保障された幸福追求権（第一三条）であり、第二七条にいう「すべて国民は、勤労の権利を有し、義務を負ふ」を実現することでもあります。

〈ながら〉介護は、先に鎌田實先生が提唱なさった「がんばらない介護」に通底しています。私は「がんばらない介護」の賛同者の一人で、毎年の集会には協賛に加わらせていただいています。

「がんばらない介護」と鎌田先生に言っていただいたおかげで、どれだけ介護にあたる家族、とくに女性たちの心がほぐれ、胸が温かくなったことか。

コラム

ながら介護を受ける高齢者の覚悟

板本洋子さん（全国地域結婚支援センター代表）は、日本青年館結婚相談所長を長くつとめ、今はやりの「婚活」仕掛け人の第一人者。今、政府の少子化対策で全国四七都道府県に「婚活」がすすめられているので、席のあたたまるひまがありません。男女が平等に、幸せを共有できるよう力をつくしています。

近ごろ、若い世代だけでなく、中年から初老の年代の男性からの結婚相談を受けるようになりました。

Aさん、六十代前半の男性、都心に土地をもつ資産家でお金の心配は全くなし。四十代まで働いていましたが、まず父が病気で倒れ、看病していた母も続いて倒れました。

Aさんは、専門の介護者を頼むつもりでいました。しかし母が、絶対に他人をこの家に入れたくない、と言い張り、すべてAさんがつきっきりで介護しました。父が急に亡くなると母はますますAさんに「お前だけが頼り」と言って、一時間以上そばを離れたことはなかったそうです。六十歳で母を看とり終え、自由の身になるまで介護年数一七年。生まれた子が高校を卒業する年数です。

見たところおだやかな紳士ですが、なかなかお相手が決まらず三、四年過ぎました。自分では「女性とつき合ったことがないのでどう対応していいかわからない」。板本さんは「僕、介護歴二〇年のベテランです。あなたの介護はどうぞこの僕にお任せください」って売り込んだら、と言いますが、そんな冗談が言えるタイプではなさそうです。きっと今の私とそう変わらない、同世代の母親だと思いますが、病むと自分のことしか考えなくなるものか、息子の人生を思いやるゆとりもなくなるのでしょうか。

この母親ほど極端でなくても、いざ自分が要介護となると、外部からヘルパーなどが入ることを拒否したり、デイサービスやショートステイを拒否する例は少なくありません。これでは〈ながら〉介護は不可能です。〈ながら〉介護は自分がデイサービスなどを外で受けるか、家にヘルパーなどに入ってもらうか、いずれにせよ家族以外の他人の力が必要です。それを受け入れるのは、現代の高齢者の役割であり責任ではないでしょうか。

ごく幼い人や自分で状況を認識できない人は別として、人間は生涯にわたって現状を仮に不本意であっても受け入れ、対応し、一定の役割を果たす時期があると思います。

介護保険制度が始まってデイサービスやショートステイが広がったころ、今から一五年ほど前になるでしょうか、ある大きな自治体で介護体験の発表会に参加したことがあります。発表者の一人は大手企業の部長さん。

「母は月一度、一週間のショートステイが近づくときまって持病の口内炎が悪化します。きっと行くのがいやなんだろう、と心が痛みますが、その間、難病を抱えた妻が短期入院して治療や検査を受け、その妻と私が協力して母の介護に当たっているので、ショートステイが頼りなのです」

一瞬、息を詰まらせながらの発言でした。家族みんなが耐えながら介護している。そのことをとくに在宅介護を受ける高齢者は認識する必要があると思います。

様々な介護体験を聞くうち、このごろ私は、介護の上手下手があるように、介護されるほうにも上手下手があると思うようになりました。私自身が相棒をとっくに見送り、いつ要介護になってもおかしくない年齢になっています。クラスメイトには、もちろん今でも夫君を介護中の人はあちこちにいますが、子どものつき添いなしには外出できない人も急激に増えてきました。介護体験を聞いたり読んだりするとき、介護者の言動以上に、高齢者の介護のされっぷりが気になりはじめました。そうした目で見ると、介護を受ける側が「ケアされ上手」か「ケアされ下手」かによって、家族の人間関係、外からのケア助っ人との関係が変わってきます。

たとえば、二〇一五年、出版社のミネルヴァ書房が高齢者の介護体験を公募し、私たちNPO高齢社会をよくする女性の会役員も選考委員をつとめるなど協力しました。そのとき最優秀賞を得た小澤里美さんと夫君は八十代のご夫婦。一年前に一〇二歳の実母を看取られた、まさに老老介護の実践者でした。母上は父上の没後しばらく別な町で一人暮らし、九十歳を超えるころ、長女の小澤さん宅に同居しました。

若いころは威厳があって娘たちにきびしい母でした。九十代後半ごろ、二階から階段が降りられなくなったり、家庭風呂での入浴ができなくなり、要介護認定を受けて、訪問介護・看護、デイサービス、ショートステイなどを利用するようになりました。何しろ介護責任者の長女夫婦がすでに八十歳前後だったのですから。ショートステイには、「抵抗があるかと心配しましたが、きょうからホテルでお泊りしてね、と言うと一回もいやと言いませんでした。母の本音は家にいたいはずなのに」。

娘である小澤さんも無理をしないで、外部の力を借りました。ショートステイの医療施設のすすめに従って、できるだけ自然な最期を願いつつ最期の二週間はショートステイ先で、一〇二歳で亡くなりました。

「同居して十余年間、命令しない、反対しない、不足をいわない、小言いわない、怒らないと予想外の毎日でした」

ただ静かに遠慮して生きるのでなく、ユーモアのある訪問看護師との会話に高笑いし、「孫がお相手するときは、笑ったり、涙ぐんだりしていても私（娘）に対しては、唇を引き締めて威厳のある母の顔になるのです」と書かれていました。ご自身の誇りは最期まで保ちつづけられました。

私ごときはとても真似できない、見事な「ケアされ上手」です。親として人間としての誇りを失わず、精神の糧としてのユーモアを忘れず、介護する人への思いやりを忘れない。子も老いのきびしさを共有する年齢であることを思い、外部サービスの受入れを拒まない、まして子や孫に、自分の満足のために介護離職を求めたりしない。時代と共に生きる、時代を創りながら老いる、「ケアされ上手」の高齢者のあり方ではないでしょうか。

第五章

職場が変わる
女が変わる
男が変わる

女性活躍社会が働き方改革をうながす

政府の政策の中で、介護離職防止が重要な位置づけとなったのは、ごく最近のことです。経済成長戦略の第二ステージとして二〇一六年に発表した「ニッポン一億総活躍プラン」において、「新・三本の矢」の一つに「介護離職ゼロの実現」が盛り込まれました。これは、経済成長の隘路《あいろ》である少子高齢化に真正面から向き合い、子育て支援・介護支援や社会保障の基盤を強化し、それが経済を強くするという新たな経済システム創りへの挑戦です。

このように経済政策として、子育て支援や介護支援が重要な政策に位置づけられたことは大きな変化と言えましょう。

こうした動きは、二〇一五年に成立した「女性活躍推進法」をはじめ、政府の政策が専業主婦中心から「働く女性」支援に軸足を移す変革です。人口構造が変化し、家族のあり方が変わり、そうせざるを得なかったからです。これには、様々な要因があります。

①日本の労働力の未来を考えたとき、労働力不足が確実であること

②グローバルな経済発展のために、日本の女性の社会進出の遅れがあらゆる国際機関か

ら指摘され、政府もやっとその気になったこと

③相対的に賃金が低下する中で、既婚、未婚を問わず女性の就労は生活設計の必然であること

④高学歴化などで女性の中に仕事で自分を生かしたい人が増えたこと

⑤どう考えても「人生一〇〇年社会」は人口の半分以上を占める女性が、生涯「働く」ことと無縁でいたら世の中が回らないこと

⑥国際的にみて、既婚女性の就労率が高く、保育環境が整っている国のほうが出生率が高いこと

⑦人生一〇〇年社会の国際的キーワードは「ダイバーシティ&インクルージョン」＝多様性、包括性、多様な人々と共に働く（生きる）ことを通して、より質の高い状況に到達すること

⑧日本では戦後五〇年経っても「男は仕事」「女は家庭」という性別役割分業意識が強く、内閣府の調査でも、「そうは思わない」が男女とも「そう思う」を上回ったのは、二〇〇七年になってから（男女共同参画社会に関する世論調査）です。そして徐々に男性の育児参加、個人の生活時間の多様性が新しい価値観となっていきました。

様々な色の流れが、一つの水脈を形成し、女性活躍、男性女性問わず働き方改革、育ボスのすすめへ、介護離職ゼロ作戦が世の中の政策の主流の一つになりました。

女性活躍を推進する法律ができたことは、基本的に歓迎すべきでしょう。しかし、ほんとうに女性が「職場で」活躍するためには、特に子を持つ女性が活躍するためには、男性の家庭参加・家事育児活躍もまたすすめられることが必要です。

有償労働と無償労働（家事・育児・介護など）を合わせた総労働時間は、女性のほうが五〇分長くなっています。睡眠時間が一番短いのは四十代後半女性で、六時間四八分（社会生活基本調査）。職場の働き方改革が的確にすすみ、男性が育児・介護参加できる時間を持てること、男女を問わず家庭責任を持つことを前提に職場の育児・介護をサポートする制度づくりはかかすことができません。

その点、今、政府の政策として進行中の「介護離職ゼロ作戦」はもちろん評価していますす。しかし、一方で、重要な仕事に就き高収入（年収一〇七五万円以上）の労働者には、残業制限を課さないという法律案が成立しようとしています。

どんなエリートにも親はいます。親の介護を迎えたとき、子としての責任をとるために介護休業などを利用する権利は、しっかり認めてほしいと思います。

それは国際女性年から始まった

この流れの出発点は、一九七五年に始まった国際女性年、続く国連女性の一〇年、そして一九八五年、日本政府は、国際条約「女性差別撤廃条約」を批准します。その批准要件の一つが、雇用上の男女平等を定める法制度で、一九八五年男女雇用機会均等法（雇用の分野における男女の均等な機会及び待遇の確保に関する法律、以下、均等法）ができました。

戦後間もなくから労働法に「同一労働同一賃金」ということばだけはありました。ところが、実態は男女別賃金表があって当たり前でした。女性だけの若年定年制、結婚・出産退職制は当たり前。女性が独身時代働いて積み立てた厚生年金保険料は、脱退手当金として退職時に支給されることが多く、「寿退社」などで早期に退職する女性たちは自分の年金が帳消しにされることも知りませんでした。

女性は結婚したら「夫に扶養される」という理由で、配偶者控除など税制上の優遇措置はありました。しかし、「働く人」という意味では一人前扱いでなく、均等法も財界あげての反対の中で、妥協を重ねてやっと成立したのです。ただし一〇年後の見直し規定がついていました。

担当した労働省（当時）の女性幹部が「この法律は今は醜いアヒルの子かもしれないが、やがて美しい白鳥にしてみせる」と言ったことばを、私は今も覚えています。

経済界や保守系男性の反対ばかりでなく、女性の中にも「保護か平等か」をめぐり、法律制定に絶対反対の労組、女性運動体もありました。これに対し、この国際女性年を逃したらチャンスはない、と妥協しても成立させたいのが政府側。成立はぎりぎりの妥協の産物で、その時点で見れば女性が失ったもののほうが多かったと私も思います。「保護抜き平等」と批判されました。

均等法ほど大きな話題にはなりませんでしたが、中学・高校の家庭科男女共修、国籍法の父母両系主義も、この条約の批准要件として実現したものです。

それまで、日本国籍取得は、父が日本人でなければ許されませんでした。今さまざまなスポーツの大舞台で、サニブラウン・ハキームさんとか、ウルフ・アロンさんとか、日本代表として活躍されています。さっそうたる勇姿とその名を見るたびに、これも国際女性年をきっかけに、女性差別撤廃条約を批准したことの効果と嬉しくなります。

そして肝心の均等法ですが、セクハラ禁止やあらゆる差別の禁止、女性の積極的登用を盛り込んだ改正法は、一九九七年にいともあっさり成立しました。財界からのきびしい反対があった一九八〇年代がまるでウソのようでした。

やはり制度ができれば、人の意識は変わっていくのです。あのころ激しく対立していた女性グループは、それぞれ立場が違うものの、おたがいに一定の敬意を持ち合い、それぞれ「女性のために」フェアに働いていたと、私は思います。だから妥協が成立したのです。自信と度胸がなければ妥協は成立しません。

理念法はともかく、一般の法律は時の勢いを受けて成立しますが、できたとたんに古くなります。古くなっていくものは、新しい現実を反映し、国民の声で新しい内容を盛り込む。それでいいと思います。

介護の社会化――介護保険制度始まる

均等法から一五年、一見、女性労働問題とは離れた方向から、働く人の生活に大きな影響を与える介護保険法が成立し、二〇〇〇年四月からスタートしました。一九九五年に提案され、研究会、審議会、国会へと長丁場の議論にほぼ三年ほどかかり、九八年十二月に成立、施行まで一年余りの準備期間がありました。

均等法も難航しましたが、介護保険法も成立までたどりつくかどうか危ぶまれるような一進一退ぶりでした。政界を二分した、と言ってもよいかもしれません。担当の厚生労働省自体は推進派でした。しかし、それまで介護は家族の女性（多くは長男の嫁）が黙って引き受けるのが当然、それが日本の家族制度の良さだ、と信じている日本の保守的な人々、とくに男性にとっては驚天動地というか、ほとんど「反逆」の発想に近かったと思います。

与党賛成、野党反対といういつもの政府提案による法案とも違いました。与党の中でも賛否両論でした。私はこの法案に研究会の段階からかかわり、審議会のメンバーでしたから、「家族介護がいちばん。何でこんな制度が必要か」というスタートラインへ引き戻されるのを、胸がつぶれる思いでハラハラドキドキ見守り、成立促進の方向で発言しました。やっと成立したものの施行わずか半年前になって与党の有力者から「親が倒れたらすぐ介護保険、ということでは日本の美風に反する」と反対されたときは、もうダメかと思いました。

私たち「高齢社会をよくする女性の会」を含め、介護を担う女性たちの多くは賛成でした。都市中年サラリーマンの飲み屋の話題が、人事異動や出世の話から、郷里で年老いた親の介護をめぐる問題に移った、という話を聞いたのはこのころです。まだおぼろげな姿ながら、介護は国民生活の大きな課題として可視化され始めていました。

介護保険制度のスタートは、世の中の風景を一変させました。街に、デイサービス送迎のマイクロバスが行き交い、駅の看板に各種サービスが立ち並びました。ヘルパーがつき添って散歩や買い物に出かけるお年寄りの姿に出会うようになりました。ああ、この町にこれだけ高齢者が住んでいたんだ——とあらためて痛感しました。

閉ざされた家庭の一室に、家族だけから介護され、外から見えなかった日本のお年寄りが、介護保険制度のスタートと共に、四月の陽光の中へ弾けて出ました。それは、明るい風景でした。日本の要介護の高齢者の可視化、介護の可視化、介護する人、される人の可視化、これが介護保険制度の最大の効果だと思います。家庭が外に開かれ介護を社会に頼むことが恥や負い目ではなくなりました。

働き方が変われば介護が変わる

介護保険の経費は、スタートした二〇〇〇年の三・三兆円から始まって二〇一五年には一〇兆円を超えました。消費税引き上げもままならぬ中で、厚労省は、この間、一定所得者の費用負担を一割から二割、さらに三割へ引き上げて、生活支援を介護保険制度から切り離しました。特別養護老人ホームの入居要件を「要介護3」に急に引き上げたり、低所得でも貯蓄が一〇〇〇万円以上ある人は利用料減免を停止したり、要するにサービスは縮小、料金は値上げの方向をすすめてきました。

低額で入居できる特別養護老人ホーム（全国で定員数約五四万人・二〇一四年三月厚労省発表）は二〇一四年には定員数とほぼ同数の五二万人の「待機老人」がいると発表されていました。「特養増設を」の声は高かったのです。

最近はなんと特養に二六％の空きがあるというのです（みずほ情報総研の二〇一六年調査での回答）。厚労省が入居基準を要介護3以上に変更したことで、要介護3の人も入居しにくくなったからと報道されました（毎日新聞二〇一七年五月五日）。特養に空きがあるのではありません。入りたい人、入って当然な人が入れなくなっただけの話です。

とかく「使いにくくなった」といわれる介護保険ですが、介護保険がなくてよかった、という人はほとんどいません。今までにも介護保険を利用しながら定年まで仕事を全うした人は少なくありません。介護保険がなかったら、今でも介護は個人の問題、家庭の責任でしかなかったでしょう。それに、介護保険制度のキーパースンであるケアマネジャーはじめ職員が、近ごろ仕事を持つ家族を「辞めないでがんばって」と励ましてくれるようになりました。時代はやはり変わってきたのです。

介護保険は、仕事と介護の両立を支える両輪の輪の一つです。地域には介護保険はじめさまざまな介護資源があり、職場では休業制度はじめさまざまなサポート、情報提供が拡がりつつあります。二〇一七年の育児介護休業法改正でさらに職場の支援体制は進むでしょう。働く人々は労働法だけでなく介護保険制度についても、一定の知識を持ってほしいと思います。

女性の問題はいずれ男性にも及ぶ

何度も言いますが、変化のきっかけは、家族介護者に男性が多くなった二〇一〇年ごろでしょう。少子化・総長男長女世代のトップバッターが介護者年齢にさしかかり、「嫁」も姉妹もいない男性が介護せざるを得なくなったのです。介護の基礎となる家事を「男の子」ゆえに経験せず「男は仕事が勝負」の半生を歩んだ男性にとって、介護は異次元の世界でその前に立ちすくんだに違いありません。

問題あれば対応する人あり。二〇〇九年、畏友、津止正敏さん（立命館大学教授、ケアメン提案をしている）によって「男性介護者ネットワーク」が結成され、私もその集会に参加しました。翌二〇一二年には家族介護者の男性比率が三割を超えました。そこで男性だからこそ職場に介護の実態を伝えることができず「隠れケアラー」になったり、離職のおそれを紙一重で生きていることを知りました。何しろ「男は黙って……」で生きてきた上に、家族に要介護者がいると、仕事に支障が出るのではないかと、職場で「戦力外」と見なされる恐れがあったのです。

「女の問題」として世の中が片づけていたことは、必ず男性にも類が及びます。非正規雇用はある時期、介護と家庭との両立を願う主婦パートのことだと思っていたら、あっという間に男性の二〇％超、男女計約三七％を占める（二〇一七年、総務省、労働力調査）、最大の労働問題になりました。

介護離職も、地位も収入も低い女性が涙をかくして、辞めていっている間は、あまり誰も問題にしませんでした。少しずつ介護離職する男性が目につきはじめたころ、厚労省（委託事業）に研究会（座長・武川正吾　東京大学教授・当時、平成二十二年度厚生労働省『男性介護者に対する支援のあり方に関する調査研究事業』平成二十二年七月〜二十三

左が育児支援の「くるみん」、右が介護支援の「トモニン」のマーク

年三月）が立ち上がりました。二〇一三年九月には、私たち高齢社会をよくする女性の会が事務局となって、この問題に関心ある一八人の有識者によって、介護離職ゼロ作戦をすすめる要望書を厚生労働大臣（当時・田村憲久氏）に提出しました。

小さくてもすぐ実現するものを、ということで育児支援企業を厚労省が「くるみん」マークで認定しているように、介護のほうも同様に、と要望しました。予算があまりかからないことだったせいでしょうか、これはすぐ実現し、介護をサポートする企業に「トモニン」マークが与えられるようになりました。名称は公募、私もテレビ参加で審査員の一人となりました。みんなでともに支え合う人間の介護、という意味を込めた「トモニン」て、なかなかいいではないか、と思います。〈ながら〉介護と〈トモニ〉介護は、これからの介護を示すキーワードだと思います。

君、辞め給うことなかれ！

〈トモニ〉介護に、動き始めた企業たち

ここからは制度の先を行き従業員との、〈トモニ〉介護を目指す企業の取組みを紹介し

ていきましょう。

●花王株式会社

明治二十年創業の花王株式会社。大手化学メーカーの老舗で花王石鹸《せっけん》といえばだれもが知っているでしょう。従業員七一九五人（連結従業員数三万三一九五人）。女性四九・二％（グループ連結）。

「わが社の育児・介護支援は福利厚生ではなく、会社全体の経営戦略です」

ダイバーシティ&インクルージョン推進部長・座間美都子さんの第一声でした。「福利厚生」は、プラスイメージのことばですが、善意に支えられた特典めいた響きがあります。景気が悪くなると、もしかしたら隅に押しやられそうな気もします。そうではなくて会社の事業活動の中心をなす経営戦略というのです。

一九九〇年ころから、「花王」では、育児中の女性活動支援に積極的に取り組んできました。女性だけでなく男性の育児支援へ、そして今、仕事と介護の両立支援へと新たな取り組みが始まっています。それは二〇〇八年に行った社内と国の調査を突き合わせて、将来介護責任を背負う社員の増加が明白になったからです。

調査した二〇〇八年、花王社内で介護を担っている社員比率は、およそ一二人に一人でした。ところが、一〇年後の二〇一八年、六人に一人。一五年後の二〇二三年には、五人に一人と急上昇することがわかりました。

長い目で見ると、ほとんどの人が人生のどこかの時期に介護を経験する可能性があり、潜在的な不安が高いこと、にもかかわらず育児と違って会社に伝えにくい雰囲気があること、今ある制度も利用がすすんでいないこと、さらに社員の実態をつかむ必要があることがわかりました。

早速、共済会の介護見舞金受給者三三八人にアンケート調査、ヒアリング調査したところ八一％の回答があり、実態が少し明らかになりました。

※花王のヒアリング調査でわかったこと

「介護に関する調査・ヒアリングからの気づき」

・いろいろな負担があるが、「心理的」なものが多く、重い。主たる介護者を支える立場でも大きな負担を感じている。（心理的負担）

・急に介護が発生したときは、特に混乱することが多い。（心理的負担）

・「初期」「認定を受ける前」の負担も大きい。（心理的負担）
・職場周囲に言いづらく、また、理解を得られにくいはず、と思っている人が多い。実際、理解してもらえず苦労したケースもある。（心理的負担）
・うまく介護を進めている人は、オープンマインドで、いろいろな人に相談している／できていることが多い。
・介護は被介護者の実態が多様 → 一律の支援策では不十分で、さらなる支援が望まれている。（介護時間）
・介護の期間は八五％が一年以上。（介護時間）
・介護認定を受けた家族は、三割は同居

花王における仕事と介護の両立に向けた施策

多様な働き方のための主な制度
フレックスタイム制度
時間単位休暇制度
看護・介護特別休暇制度
看護・介護のための休職制度
看護・介護のための勤務時間短縮制度
看護・介護のための時間外勤務免除制度

仕事と介護の両立支援の主な取り組み
介護セミナーの開催
仕事と家庭の両立支援ガイドブックの提供
介護ハンドブックの提供
マネジャー研修・講習等におけるマネジャーの意識啓発
社内担当者向け介護相談対応マニュアルの作成・活用
啓発ニュースレターの配信
社外介護相談窓口の設置
各種補助サービスの活用促進

または徒歩圏だが、三割は公共交通機関で三時間以上かかる遠方にいる。（距離）
・入居型施設の費用、自宅の改装費、介護保険だけでは支援が不充分、などが経済的負担となる。（経済的負担）

表は、花王がすでに取り組み、実施している介護支援策です。制度の内容は国の規定を超えています。二〇一六年現在、介護休業取得者は増加している、と言います。きっと二〇〇八年の調査も予測したように、この間に介護を担当する従業員が倍増した結果でしょう。多様な働き方のための制度の拡充に留まらず、仕事と介護の両立支援の取り組みを続け、介護を隠さず支え合う風土を作るための活動が続いています、とのこと。経営戦略としての介護離職ゼロ作戦はこれからが正念場です。

●損保ジャパン日本興亜

二〇一六年、損保ジャパン日本興亜の男性管理職の方々と話し合ったとき、一人の管理職の方のことばが印象に残りました。

「うちはまだ子どもが小さいのに、父の体調が心配になってきました。妻には、子育てと両方はできない、ときっぱり申し渡されています」

「その時が来たら会社を辞めることになるのか、と不安でした。ところがもともとダイバーシティに熱心で女性登用をすすめてきたわが社が、子育てだけでなく、介護にも取り組んでいるので、もしかしたら親父が倒れても、定年まで勤め続けられるかもしれません」

こういうことばを、男性が朗らかに言える会社はいいなと思います。とてもうれしそうに明るい表情でした。男性にとって「男は仕事！」という時代が長く続きましたから「仕事を失う不安」は女性以上に大きいことでしょう。

では今の、損保ジャパン日本興亜の従業員介護対策を聞こうと本社を訪れ、人事部特命部長（能力開発・採用・ダイバーシティ推進担当）小坂佳世子さん、人事部ダイバーシティ推進グループ業務課長・上西優子さんからお話を聞きました。

この企業事例紹介で、私が担当者の固有名詞と職名を了解を得て明記するのは、日本の企業の中で、「経営戦略」としてダイバーシティに取り組む部署が増え、責任者には女性が少なくないことをお知らせしたいからでもあります。

損保ジャパン日本興亜は、ＳＯＭＰＯホールディングスグループの中核事業として、お客さまの「安心・安全・健康」に資する商品・サービスを展開しています。同グループは介護事業に本格参入し、超高齢社会における、社会的課題の解決にも貢献しています。

また、経営トップ自らが強いリーダーシップを発揮し、女性活躍推進に積極的に取り組んでおり、従業員の六割を占める女性の活躍なしに業績向上はありえないと考えています。

ダイバーシティーにいちはやく取り組んでいる自信は、介護離職ゼロに向かってもゆとりをもって対応していました。

「男性も何かしら家族の問題を抱えながら働く時代、団塊世代が七五歳（後期高齢者）を迎える二〇二五年問題ももう間近なので対応していかなくては」と担当者。これらの問題に早く気づいて取り組み、今こうして先進事例として紹介されるような企業の共通点は、政府の人口推計などの数字とわが社の人員構成を引き合わせ、身近な未来予測、未来の危機への対応がきちんとできていることです。

損保ジャパン日本興亜の育児休業取得者は二〇一六年度で一五三六人。女性従業員の一割にあたる人数になります。復帰後は育児短時間勤務制度を利用する社員も年々増えており、全従業員にシフト勤務、テレワークができる環境を整備するなど働き方の多様性はすでに十分経験済みです。育児・介護時短勤務者のテレワーク制度利用を後押しする取組みとして、希望者に対して、テレワーク時に自宅で使用する会社端末を追加配備し、家族の体調不良などの突発事象発生時にいつでも自宅での勤務に切り替えられることも可能としています。

こうした時間と場所に捉われない働き方が浸透することは、育児や介護を抱える社員への最大の支援策です。

介護離職ゼロにむけては制度の充実だけでなく二〇一四年度から両立を視野にキャリアを考えることの重要性を知り、介護を踏まえた自身のキャリア形成を考えるための「仕事と介護の両立セミナー」を実施。介護を男女ともに全員の問題として捉え、参加対象者を限定することなく介護に関心がある人は誰でも参加できるセミナーとしています。

●第一生命保険

第一生命保険では、役員、室長、補佐役と三人のダイバーシティ担当者に迎えられました。執行役員の渡邉寿美恵さんは、ダイバーシティ&インクルージョン推進担当の執行役員で、第一生命保険の二人目の「女性重役さん」です。現在第一生命の執行役員三二人中女性は二人。その一人が渡邉さんです。人事部ダイバーシティ&インクルージョン推進担当の室長・富所幸子さん、人事部補佐役の吉田久子さんは、ダイバーシティ&インクルージョン推進活動で、私はかなり前からお馴染みの方です。

介護サポートの活動については、二〇一七年の法改正に合わせてすでに社内制度を見直し、改正済み。業界最高水準の制度となるよう整備することで、介護をする社員が安心して働き続けることができ、仕事と介護の両立を支援していく観点から制度内容を拡充したとのこと。

社員総数五万六二三八人。うち女性五万一六二四人（二〇一七年四月現在）

①介護休業…通算七三〇日（改正前三六五日）を制限なく分割できる。

※取得実績：二〇一六年　二一二人

②介護サポート休暇…通院付き添いや介護サービスの手続き等

年間一二日まで（半日取得も可）

※実績：八六人（男二九人、女五七人）

③残業免除

④短時間勤務…通算一〇九五日（三年）分割可

⑤フレックスタイム制…非フレックス制の社員がフレックス制に変更できる。

⑥復職支援
・両立支援相談窓口：ダイバーシティ&インクルージョン推進室
　二〇一六年頃から、少しずつ介護相談も出てきている。
・介護セミナー　年二回（人事主催、社員向け）
　実際に介護している男性の話を入れている。

　その他、グループ会社の第一生命経済研究所が主催するセミナーもある。


私は思わず「業界最高水準じゃなくて国内最高水準ではありませんか」と言ってしまいました。こういう制度をもつ国や企業の中でも抜きん出ていると思います。世界中の先進国がさらなる未知の長寿に向けてすすむ今、世界のモデルになるかもしれません。

生保の事業内容は多岐にわたりますが、その第一歩は私たちになじみの深い「勧誘員」、あるいは保険のおばさん、今風にいうと営業職ということになります。その営業職員は全国で約四万人。女性比率は約九七・三％。営業職にはかつて育児など家庭の事情で離転職した人も少なくありません。年齢も内勤の人に比べると総じて高いです。

人生後半の収入確保のチャンスに挑み、企業の根幹となる資金をコツコツと集める営業職。この人たちの老後の安心と幸福のために、どうか世界に誇る介護対策ができますように、そのことが会社の繁栄にもつながりますように、と祈りました。

企業の地域活動で、地域力をアップ

従業員への介護サポートとして企業の果たす役割について述べてきました。それだけでなく企業の新しい動きの中に、「隣人としての」地域活動があります。

損保ジャパン日本興亜は、女性活躍の推進に関する連携協定をすでに自治体と結んでいます。地元企業、自治体と連携し、異業種交流セミナーを実施。女性の働き方のロールモデルを提供しています。

一般に職場での男女平等扱いは、都市より地方で浸透しにくく、結婚退職などの慣習は、大都市よりも地方のほうが長く残っていました。それらが若い女性の地元流出率を高めた原因にもなっていたと思います。D&I（ダイバーシティ&インクルージョン）がすすんだ企業が地場企業と交流することによって、地域が変わるきっかけにもなるでしょう。地域防災などで地域と連携していることは言うまでもありません。

第一生命では、全都道府県と連携協定を結んでいます。内容はヘルス、子育て支援、ワークライフバランスの促進などで、不動産部の物件の空室を利用して、地域のための保育所を一四か所設けました。高齢者見守りの活動では、四万人の営業職が自治体のお手伝いをしています。

ケアを要する人が増える社会にあって、支え手は多様な場から参加してもらう必要があります。家族と企業（職場）、自治体、大学などの教育機関、基本的には国の政策が求められます。さまざまな担い手の中で、近ごろ動きが目立つのは、企業——会社が社員の子育てや介護をサポートするだけでなく、地域の人たちに「隣人」として協力し、よくいわれる「地域力」をアップしようとしていることです。

先にあげた損保ジャパン日本興亜や第一生命が、業務上からいっても地域の防災計画をサポートする機会は必ずあるでしょう。こうした会社は「ダイバーシティ」の名のもと、企業のなかの男女平等、人種、国籍、障がいの有無などにかかわらず、その人の個性を発揮して、総体としての実力を増大するような活動をすすめています。災害のたびに避難所で女性や高齢者、障がい者の生活への配慮が足りない、そもそも避難所のトップに女性がいない、など問題視されてきました。余震がつづく避難所の中で、出産が行われることだってあるのです。

最近やっと、各自治体の防災委員に必ず女性を入れるとか、避難所のトップに女性を加えるなどの改善がすすんだようです。そんなとき、すでに女性の管理職を多く登用し、組織を運営してきた企業の経験はきっと役に立つに違いありません。一方で、企業の塀の中から飛び出して、地域の生まな生活、人間関係の中で仕事をすることによって、企業もまた多くを発見し、新たな企業活動のエネルギーに転換する機会にもなるでしょう。

「商助」という考え方

自助、互助、共助、公助と言われます。一〇〇年ライフ社会、そしてファミレス社会は、国から地域、家族、すべてのアクターが総力を挙げて協力しないと乗り切れないでしょう。その中の一つの分野として「商助」というあり方が、近ごろくっきりと輪郭を現していまず。「商助」という新しいことばを私は前田展弘さん（ニッセイ基礎研究所）から聞きましたが、もっと多くの方が使っているかもしれません。

思えば人々の暮らしの営みの中で、人の住むところ市が立ち、やがて町（商店街）が発展しました。一方で「御用聞き」「配達」という顧客の家への出入りが承認され歓迎される仕組みもできました。今、高齢者などの安否確認に新聞やヤクルトの配達員、生命保険の営業職たちが行政から期待されるのも「商助」の流れです。

郵政民営化から一〇年、日本の財政政策という意味で成功したのかどうか、残念ながら私の知識では判断できません。「郵政民営化」に関する総理懇談会という会議が何度か開かれ、なぜか私もメンバーに指名されていました。事業の利用者、消費者として意見を述べるのが私の役目と思い、私は郵便物の配達による地域ネットワーク、年金の手渡しと零細な貯金を守る機能は、超高齢社会を迎える日本に、ぜひ残してください、と発言しました。郵便局の情報伝達機能、地域行政の窓口機能は、もっと見直され大切にしてほしいと今も願っています。

さらに地域力を支える企業の例を紹介しましょう。

●イオンリテール株式会社

二〇一七年五月「未来社会創造コンソーシアム」の第一回「Enjoy Aging Award」企業

部門の最優秀賞の一社はイオンリテール株式会社でした。私はその選考委員を務めました。日本最大の小売業イオンの基本理念は「平和」「人間」「地域」。高齢化する顧客に対応して、「新製品の開発（G・G＝グランドジェネレーション向け）」「自由な小口量り売り」「配達」「イートイン設置」などに努めていますが、私が特に関心を持ったのは「朝活」です。

朝七時半から楽しめるウォーキングや趣味の場づくり。朝食の提供。もちろんビジネスですから料金がかかりますが、うまくつなげば、介護離職を防ぐ力強い味方になるのではありませんか。サラリーマンにとって決め手となるのは「朝」の時間です。リハビリ型のデイサービスも開かれています。

現在はイオン葛西店がモデル店として注目を集めていますが、全店舗への普及が待たれます。なんと言ってもスーパー・コンビニ系の強みは、午後三時までの銀行、夕方八時前後までのデパートと違って、一二時ごろまで開店していること。介護離職防止はじめ、介護に悩む地域住民のために、確実に適切な部署につながる相談窓口になってくれたら、どんなに心強いことでしょう。役所が夜中まで人員を張り付けておくことは不可能ですから、行政は一定の手数料を支払って委託してもよいと思います。

そういえば銀行ATM、光熱費など各種支払い、いろいろなチケットの受け取りなどはすでにコンビニで実施していて多くの人が利用しています。「民活」は「官」の経費節減の視点ばかりでなく、「民」とくにこれから増える「高齢住民」の視点から大いに拡げてほしいと思います。

●株式会社ゼンショーホールディングス

「すき家」といえばだれでも知っているでしょう。ココス、華屋与兵衛、はま寿司、さまざまな「食堂」を展開して四八八一店舗（二〇一七年三月）。食を中心に地球の反対側まで商圏を広げ、フェアトレード（暴利をむさぼらず地元を育てる）でネパールなど紅茶生産地の子どもの就学援助にも取り組んでいます。社是は「世界から飢餓と貧困をなくす」。小川賢太郎社長が五年前、八十七歳の母上を見送って「人生の最終楽章においしいものを食べて楽しく生きるためにどうしたらいいか」を起業家として考え、まず北海道で低額で利用できる居住施設・デイサービスに乗り出しました。先にあげた損保ジャパン日本興亜が介護事業に乗り出したように、大企業という影響力ある存在が、しのぎを削って高齢者サービスに乗り出す。地域に密着したNPOなどが提供するサービスと持ち味を競い合う。社会の中核に介護がある。消費者としての高齢者にとっては心強いと同時に、ますますしっかりした選択眼が必要となります。

全国のコミュニティカフェ

今、日本の地表にさざなみが立つようにさまざまな名の「カフェ」が、地域に広がっています。地域に密着し、地域のさまざまな分野で貢献する活動を進めています。主催者は、行政のバックアップを受けることもありますが、多くは地域住民、NPOなどが、関心のある領域について立ち上げたもの。場所は、シャッター通りの店舗を借りたり、自宅を開放したり、さまざまです。

高齢者関係で有名なところでは「認知症カフェ」があります。若年認知症カフェもあれば、介護者の娘、息子、配偶者などのカフェもあります。この分野は、「介護離職のない社会をめざす会」のNPO法人介護者サポートネットワークセンター・アラジン（牧野史子理事長）が積極的に取り組んでいます。

不登校・引きこもりを支援するカフェもあります。高齢者や介護者関係も数多くありますが、一番多いのは子育て関係の「子どもカフェ」でしょう。経済的に恵まれない子どもたちに「子ども食堂」を開いて食事を提供したりしています。それぞれの関心と得意技にもとづいて、地域住民が寄り合って、地域貢献しています。こんな広がり方は、戦後日本で初めてではないでしょうか。今の時代の希望です。

カフェが今、全国でいったいいくつあるか、正確にはわかりません。民間の自主的な動きですから継続性、安定性が十分とはいえない例もあるでしょう。全国の「コミュニティカフェ」一覧で、各県ごとにインターネットで検索できますし、公益社団法人長寿社会文化協会は「コミュニティカフェネットワーク・ガイドブック」を、地域ごとに発行しています。

ケアを中心に悩みを共有する人たちが自由に集まり、語り合い、情報を共有、リフレッシュする居場所、と言ったらよいでしょうか。正確な定義は知りませんし、全国にいくつあるか厚労省もつかめていないようです。たとえば私ども「高齢社会をよくする女性の会」の鳥取県メンバーは、持ち家の空き家を月に二回開放する、と言います。現在日本中にいくつあるか勘定するのは大変ですが、そのように「カフェ」という善意の波が全国に広がっていることは確かです。問題は今のところ、いつ、どこへ行ったら、何があるか、だれと出会えるか、常連以外にはなかなか情報が伝わりにくいことです。

地域の中で、当事者とくに高齢者の居場所を作り、引きこもりを防止、心身の健康を保つことは、行政とくに基礎自治体の責務でもあります。

東京二十三区で最大の人口約九〇万人をもつ世田谷区の一例をご紹介しましょう。

「お休み処」は、全区内に設置された高齢者、幼い子連れのための涼みどころです。熱中症予防対策でもあります。行政的には保健所の管轄で七月から九月まで、立ち寄って、ちょっと腰掛けて冷水を飲み、英気を取り戻してさらに歩きつづける。そういう、ほんとに一休みの場所です。

協力場所が官公民、多岐にわたっていて、わかりやすいマップもつくられています。二〇一六年度「せたがや涼風マップ」に記載された「お休み処」は全部で二五〇か所。参加施設別にみると、☆街づくりセンターなど公共施設（一一）☆高齢者施設（二）☆街のステーション（商店街にある地域の拠点）など（三）☆接骨院（五）☆公衆浴場（五）☆調剤薬局（一九）☆公共施設（区民センター）（一八）なかには、高齢者施設（特養ホームなど）のように、トイレ利用や一時休憩が年間通して可能なところもあります。

この涼風お休みどころは二〇一一年から開設されましたが、年々参加施設、利用者ともに増えて評判がよいので、二〇一七年から、開設期間を六月十五日からと半月前倒ししています。

相談力こそ解決への第一歩

高齢者の身辺に関するサービスというと、多くの人が介護保険制度、もう少しよく知っている方は、地域包括支援センターに相談しようか、と思うでしょう。もちろんそれで正解ですが、介護保険が利用できるほど重くはないし、でも虚弱な家族を家に残して勤め続けるのは心配だ——というような場合、どうぞ自治体や団体の別な窓口にも声をかけてみてください。

もちろん職場の上司、担当セクションに相談するのが第一かもしれませんが、介護離職を防ぐ車の両輪は、職場と地域です。主治医の助言で特別養護老人ホームに「ルームシェア」という三か月利用できる制度があると知り、認知症の家族を預けて助かったという例もあります（二〇一七年七月七日、朝日新聞）。

世田谷区の例を見ると、六十五歳以上一人暮らし、高齢者のみの世帯では、困りごとの相談、電話訪問による見守りサービスは、事前登録で無料です。離れた地方に住んで、一人暮らしの老親を心配する方にとってうってつけのサービスではありませんか。やはり単独、高齢者世帯、昼間ひとり暮らしの方は、電球交換、代筆、代読などボランティアが訪問してお手伝いします。実費相当分の半額が個人負担です。

これからのサービス担当窓口は自治体によって名称が違うでしょうが、まず自分が高齢家族を抱えて不安だということを訴えてください。すべて問題解決のカギは、自身の相談力から始まります。

本書の執筆中、介護離職に関する一つの調査（みずほ情報総研）が発表されました。介護を理由に正規職員から離職した人一〇〇〇人にインターネットで調査したところ、「介護と仕事の両立について誰かに相談しましたか」という質問に、「誰にも相談しなかった」が四七・八％でほぼ半数を占めました。「相談力」に欠けて、介護という営みの前に立ちすくむ、孤独な思いが伝わってきます。

あれば仕事をつづけられたと思う支援策（複数回答）は「介護休業を取りやすくする」（二七・〇％）、「上司や人事部門の理解と支援」（二五・五％）でした（東京新聞二〇一七年五月十七日朝刊）。

〈トモニ〉介護の支援団体はどんどん増えている

私たち民間の団体、個人は、それぞれの立場で「介護離職ゼロ」をめざして活動してきました。私たちが言う「介護離職ゼロ」には、介護のために離職する人がなくなるように、という思いと同時に、離職転職が多いプロの介護職員の待遇改善をすすめ、人間の命の営みを支える仕事にふさわしく、社会に位置づけられてほしい、という願いも重なっています。介護はこの二重の意味で根本的な労働問題であり、人間の尊厳にかかわる問題です。

二〇一六年三月二十三日、ついに「介護離職のない社会をめざす会」が発足しました。「介護離職」に真正面から取り組み、介護離職ゼロ社会をめざす一四の組織の連合体です。団体の中には「連合」のように働く人々の大労働組合もあれば、介護サービス事業者「全国介護事業協議会（民介協）」もあれば、長らく市民団体として介護を提供してきた「市民福祉団体全国協議会（市民協）」あり、介護者支援に取り組む「アラジン」あり、という具合で、構成団体は一八四頁からのコラムに記載しましたのでご覧ください。私ども「NPO高齢社会をよくする女性の会」もその一員です。とにかく、利用者も、家族も、サービス事業者も、介護者支援団体も、介護の情報提供者も、高齢者当事者も、そして介護現場で働く人の労働組合も——という具合に「介護」を中心に据えて、昔の常識では対立しそうな団体を含めて、みんなで円陣を組んで活動を始めました。

設立趣意ですが、短いものですので、お目通しください。

「いつの時代も、いのちの始まりを支える育児と、いのちの終わりを支える介護は、人間にとってかけがえのない重要な営みでした。とりわけ今日の史上空前の超長寿社会の到来は、人々の生活における介護の比重を激増させています。家族の介護と無関係に生きる人は激減していくでしょう。

私たちは、平和と豊かな社会、それにともなう超長寿社会が生み出した介護の営みが、公平に分かち合われ、お互いが支え合う社会、そこから新たなエネルギーが生まれる社会、をめざします」

この章では、身の回りのあちこちの活動が高齢者とその家族にシフトしている例を記しました。

高齢者の介護は「ひとり」ではないのです。「みんな」が関心を持ちはじめました。多くの人が、介護する家族を抱えていても、本人が働きつづけ、社会活動をつづけ、自分の志を全うすることを肯定し、支えようと思うようになりました。要介護のお年寄りの幸せと、介護者の幸せが両立し、ウィンウィン（ｗｉｎ-ｗｉｎ＝共に勝利する）の関係になるのをよいことだと思う人が増えました。

味方はだんだん増えています。勤め先の会社だけでなく、多くの企業がみずからの経営戦略として、顧客としても大人口を占める高齢者、その関係者に目を向けはじめています。問題を解決して動き、自立して生きる人が増えてこそ、支援を必要とする人に貢献できます。自立は連帯の母です。

たくさんの支援者、応援団が着々と増えていることに自信をもって生きてください。

「介護離職のない社会をめざす会」の活動

そして、「介護離職ゼロ作戦」が政策として前面に押し出され、二〇一六年の育児介護休業法の改正に漕ぎつけたのです。

「介護離職のない社会をめざす会」は、次のような目標を掲げています。

介護離職のない社会をめざす会

〈私たちがめざす社会〉

・介護を職業とする人が正当に評価され待遇され、介護職が離職の少ない誇れる仕事になる社会

・家族の介護のために、自分の選んだ仕事や人生をあきらめないですむ社会

・仕事と生活とケアが必要に応じて、バランスのとれるような働き方のできる職場が増え、新たな地域づくりにつながる社会

・人生一〇〇年の流れに沿って、いつも集い、助け合える地域の創造に向けて、介護が

そのカギとなる社会

・介護する人が幸せになることで、介護される人も幸せになる社会

設立発起人は一四団体の中から、高木剛（一般財団法人全国勤労者福祉・共済振興協会）、逢見直人（日本労働組合総連合会）、樋口恵子（NPO法人高齢社会をよくする女性の会）、牧野史子（NPO法人介護者サポートネットワークセンター・アラジン）の四人を共同代表として選出しています。

二〇一七年七月二十日、来年度予算編成に向けて、「めざす会」は働く人々（連合事務局長逢見直人氏）、経営者（JTB取締役人事部長・花坂隆之氏）、行政（厚労省副大臣・橋本岳氏）の三者をお招きして、私たちの要望書を提出しました。

もちろん設立以来の介護労働者とあらゆる分野の労働者の離職を防ぐ内容ですが、今回は年初の育児介護休業法の改正を受けて、「介護離職ゼロ」作戦を役所や会社の建物の中から、地域、通勤圏というより広い面の世界に見える化し、介護離職を減らそうというものです。

緊急提案には「介護保険の要介護度 軽度者（要介護2以下）への生活援助サービス見直

し」を慎重にしてほしいこと、働く介護者の全国調査、職場内に介護離職防止対策委員会設置、地域での介護離職に関する相談ステーション設置、中高年への介護職参入の研修機会などを呼びかけています。町に市場に職場に遊び場に、介護離職が少しでも減るような手段を見える化し、接続可能、相談可能であることを知らしめる。気軽に相談できる社会、相談のしがいのある社会をめざして、これからも活動を続けます。

「めざす会」を構成する団体の中から、企業と従業員の間に立って、双方に介護休業はじめ離職防止に役立つ情報を提供する団体をご紹介しましょう。①と②は、どちらも女性によって起業されて活動をすすめています。

①株式会社wiwiw

「女性活躍をはじめとする、ダイバーシティへの取組みが、経営パフォーマンスを向上させる」という確信をもとに、企業に属する従業員一人ひとりのキャリアとライフの両立（ワーク・ライフ・バランス）を支援するプログラムやサービスを提供しています。

特に従業員の介護の問題は、「企業の死活問題」と多くの企業が気づき始めている一方で、隠れ介護により、介護の実態が把握できず、対応が後手にまわっている企業が多いのが現状です。また、介護の悩みは「遠距離介護」や「同居介護」をはじめ多岐にわたり、悩みを抱えた従業員の離職にもつながりかねません。

そこでｗｉｗｉｗでは、介護の実態を把握し、課題を抽出、さらに従業員が「介護に備え」、「仕事と介護の両立を実現する」ための支援を行っています。二〇一七年三月には時代のニーズに合ったサービスを提供し続けるために「キャリアと介護の両立相談室」を立ち上げ、Ｗｅｂでも相談できるようになっています。

●株式会社ｗｉｗｉｗ 社長執行役員　山極清子（http://www.wiwiw.com/）

②介護離職防止対策促進機構

行政・企業・個人に向けた介護離職防止の啓発と、仕事と介護の両立ノウハウを広く発信し、介護をしながら働くことが当たり前の社会をつくるための活動を目的とした団体です。

当法人は下記の5つをビジョンに掲げ実行しています。

1　介護経験者による現場からの声を元に「介護離職防止対策評価基準」を制定し企業における「介護離職ゼロ」対策の促進を図る。

2　「仕事と介護を両立できる職場環境」整備促進のシンボルマークの「トモニン」との共存を図る。
3　社会人に「介護をしながら働くことが当たり前」の啓発を図る。
4　「介護離職防止対策コンサルタント」を育成し、上記のビジョンを達成に導く。
5　介護離職者に対し「介護離職防止コンサルタント」資格取得を促進し、介護経験を生かした新たな雇用の創造を図る。

●介護離職防止対策促進機構　代表理事　和氣美枝（http://www.kaigorishoku.or.jp/）

③男性介護者と支援者の全国ネットワーク（略称：男性介護ネット）

男性介護ネットは、男性介護者の抱える問題を社会化しようと二〇〇九年三月に発足し、男性介護者と支援者の全国的なネットワークづくりを進めています。

現在、会員は累計で九五〇人（在籍会員七〇〇人）と小さなネットワークですが、各地に生まれている男性を対象とした会や集いは一〇〇を超え、そのコミュニティは確実に拡がりをみせています。こうした小さな会や集いでは、介護体験を「語る／聴く」プログラムが行われています。語る人がいればしっかり耳を傾け気持ちを分かち合う、こうしたコミュニティこそが介護する人の会や集いには必要だと考えています。

十一月十一日の介護の日を中心に北は北海道、南は九州まで全国津々浦々で、男性介護や仕事にまつわる交流会やワークショップなども開催しているほか、介護と仕事の研究や介護体験記を発行しています。

●男性介護ネット 事務局長 津止正敏（https://dansei-kaigo.jp/）

幹事団体名

日本労働組合総連合会（連合）
全国繊維化学食品流通サービス一般労働組合同盟（UAゼンセン）
全日本自治団体労働組合（自治労）
労働者福祉中央協議会（中央労福協）
一般財団法人 全国勤労者福祉・共済振興協会（全労済協会）
一般社団法人 全国介護事業者協議会（民介協）
認定NPO法人 市民福祉団体全国協議会（市民協）
NPO法人 高齢社会をよくする女性の会

株式会社 w・i・w・i・w

男性介護者と支援者の全国ネットワーク（男性介護ネット）

一般社団法人 日本ケアラー連盟

NPO法人 介護者サポートネットワークセンター・アラジン

全国介護者支援団体連合会

一般社団法人 介護離職防止対策促進機構

（二〇一六年三月二十三日現在）

風を起こし社会を変えるNPO法人J-Win

ものごとを変えるには、必ず最初に問題提起する人や組織が必要です。現在のように、女性活躍推進法が成立し、介護離職ゼロ作戦、働き方改革が、企業の経営戦略として位置づけられるまで、大きな役割を果たしたJ-Winをご紹介します。理事長はIBM副社長もつとめた内永ゆか子さん。

特定非営利活動法人ジャパン・ウィメンズ・イノベイティブ・ネットワーク（NPO法人J-

Win）

「J-Win」は、二〇〇五年に、五〇社の女性幹部及び候補生たちの相互交流、相互研鑽のための任意団体としてスタートしました。そして、より活動を充実させ、活動範囲も広げるために、二〇〇七年四月に中立的な立場からNPO法人化をし、企業におけるダイバーシティ・マネジメントの促進と定着を支援することを目的とした新たな活動を展開することとなりました。

活動の中核となるのは、会員企業が選任した女性メンバーによるネットワーキング活動で、女性活用についてのアドバイス、コンサルタントをはじめ、セミナーや講演、さまざまな調査など、企業におけるダイバーシティ・マネジメントの推進をサポートする各種活動を展開しています。また、業種や業態の枠を超えた女性企業人の相互研鑽の機会を提供し、ネットワーキングの構築を支援することにより、女性リーダーの育成、能力開発を図っています。これらの活動を通じ、性別や国籍、年齢などにかかわりなく、多様な個性が力を発揮し、活躍できるダイバーシティ社会の実現に寄与しています。

NPO法人化から一〇年目を迎え、会員企業は一三二社。毎年女性活躍推進の先進企業を表彰する「J-Winダイバーシティ・アワード」を実施しています。また女性リーダー育成を目標とし、企業の枠を超えた職位別の三層からなる女性ネットワーク活動には、累計で二一三〇名の女性が参加しています（二〇一七年三月現在）。

また、創立以来東京中心の活動を進めてきましたが、関西地方の女性活躍推進のニーズにも応えるために、二〇一七年四月に「Ｊ－Ｗｉｎ関西支部」を開設しました。
●Ｊ－Ｗｉｎ（http://www.j-win0.jp）

エピローグ

介護離職がない社会を

最近の日本の家族介護の状況が新しく発表されました（国民生活基礎調査平成二十八年）。高齢者介護は日本中でますます深刻になっている様子がうかがえます。

ひとことで言えば「老老介護」が増えて、介護者・要介護者ともに六十五歳以上が五四・七％、七十五歳以上が三〇・二％と、いずれも高齢者同士の介護が史上最高を記録しました。発表当日、ＮＨＫのテレビ番組に実例として登場したのは、九十歳前後でどちらも要介護のご夫婦でした。

同居家族の男性介護者の比率も三四・〇％と、史上最高を記録。もはや介護イコール女性、という時代ではなくなりました。

介護離職ゼロ作戦は、これからが正念場です。七十五歳以上の老老介護がこれだけ増えていくのですから、ともに老いた家族だけでは支え切れなくなるのは時間の問題です。すぐに、介護はその子どもたち、現役世代に及びます。「介護離職」はますます深刻な問題として浮かび上がってくるでしょう。老いた介護者が亡くなったり、支え切れなくなったとき、介護者として浮かび上がってくるのは、やはり子どもです。中年に達した子が「自分しかいない」と知って、退職して介護に専念する例はこれまでもありました。老老介護が増えたということは、次は子の介護離職へ一直線、ということになりかねません。介護離職を一人でも少なくするよう、職場、地域を挙げて支えていく必要がますます大きくなります。

そのためには、血縁に頼るだけでなく、地域の介護サービスの充実が必要です。介護従事者の待遇を改善、向上させ、「介護従事者の離職のない社会」、せめて「少ない社会」をめざすことです。最初に申し上げたように、あらゆる職場で職員の「介護離職がない社会」をめざすことと、「介護従事者の離職をできるだけ少なくすること」は車の両輪なのです。

問題あれば対策あり

介護離職ゼロ作戦の対策づくりにこの一〇年以上、多くの人が取り組んできました。当事者だけでなく、介護する家族を支えようとする団体が生まれました。同じ立場の当事者を中心に、伴走者・見守り役として地域の人々が支える動きが全国各地に生まれました。

民間から自然発生的に生まれ、その動きを見て行政や社会福祉協会など公的機関が支援に乗り出しているところもあります。

この一〇年間に、少しオーバーに言えば、日本の地層の表面を「カフェのさざ波」が広がっている感じです。市民住民ふつうの人たちが、自分のできることをしたいと動き始めたのです。日本人の心の聴覚、精神の視覚が高まったのだと思います。周りにいる、悩みごとや困りごとを抱える人の声が聞こえるようになった、見えるようになった。困っている人たちも、しっかりと言葉に出して語るようになった。この四月、公益社団法人認知症の人と家族の会との共催で、「国際アルツハイマー病協会」の国際会議が京都で開かれました。その席上、若年認知症当事者が壇上で語り、そのことばには多くの聴衆が感動した、と言われています。当事者に近づき、知り合い、語り合い、関心をもち、できることなら手助けする――こんな雰囲気が民間中心に、地域の中に広がっています。

長寿社会、人生一〇〇年社会、だれもが年老いる社会。そういう時代が人々に当事者意識をもたせたように思います。だれしも老いれば若いときと同じ力は持てません。人の手を借りながら生きる時間も長くなります。だれもが生涯のうち、他者の支援を必要とする「弱者への変容」を経験します。「弱者」と呼ばれる人の尊厳が保たれ、仲間として認められる社会でなかったら、一〇〇年ライフは不安に満ちた社会ということになります。

また「弱者」とは、何もできない人ではありません。老年の定義も内容も時々刻々変わってきます。老いや障がいは、人間の力のある部分を弱らせ、「非力」にしているかもしれませんが「無力」にはしていません。もてる力を支える人々、支えられて何かできる人、寄せ集めれば「非力」も大きな力になり得ます。

五〇年単位で未来を見据える

国際的に国内的に、今も問題は山積し、地域によってはまだ何も動き出していません。見方によっては希望を失いかねない状況ですが、少し別な方向から見ると、人間は明らかに進歩し、世の中を良い方向に変えています。

三年や五年ではその変化は目立たないかもしれません。あるとき私は、先年九十九歳で亡くなった秋山ちえ子先生（評論家）から励ましを受けました。

「絶望してはだめよ。ものごとは五〇年単位でごらんなさい。ずいぶん大きく変わるものですよ」

そういえば、外国人の目にうつる日本の街の風景は大きく様変わりしているようです。それもたかだか十数年の間に。

二〇一七年、先進諸国で世界をゆるがす大選挙が続き、その最重要な第一弾で、アメリカにトランプ政権が登場、民主党政権と交替しました。政権交替で帰任するアメリカ大使館の外交官と、公開対談で交わしたことばが今も耳にこびりついて、ときどき落ち込む私の血潮をまたあたため、騒がせてくれるのです。

その人マルゴ・キャリントンさんは公使。一足先に帰国したキャロライン・ケネディ大使のつぎに位置するのが公使ですから、アメリカは、駐日大使館のナンバー1、ナンバー2とも女性だったことになります。

キャリントンさんと私の公開対談は、未来の女性のリーダーシップ養成がテーマで、私は東京家政大学・女性未来研究所長という立場です。司会役は、研究所副所長の並木有希准教授。育休を終わったばかりの三児の母。キャリントンさんは外交官歴が長く、大の日本びいきで今回で四度目の日本勤務。お子さんは自立、公使という大役は初めてですから、夫君が妻の任期中仕事を控えめにして「主夫」役を兼ねての赴任と聞きました。家族も働き方も多様性の時代を迎えていることを実感しました。キャリントン前公使が、今回の着任時の感想を語りました。

「今回の日本駐在は二〇一四年から、日本は四度目で一四年ぶりのことでした。今度の来日で、私は目を疑いました。日本をよく知っているつもりでしたから。ここは、ほんとうに、あの日本なのか、と。街角にも、駅構内にも親子連れの姿があり、ほとんどは父親がベビーカーを押していたのです。かつての日本にはほとんど見られない風景でした」

ほんとにそうです。キャリントンさんが日本を離れていたこの一〇年余りにいろんなことが変わりました。二〇〇一年小泉内閣に、私は内閣府男女共同参画会議に設置された「仕事と子育ての両立支援策に関する専門調査会」会長として、「職場が変われば両立できる」「待機児童ゼロ作戦」「多様で良質な保育サービスを」「必要な地域すべてに学童保育を」「地域こぞって子育てを」の五項目からなる意見書を提出しました。女性に職場でもっと活躍してもらわないと、日本は世界に後れをとる、という認識はもう一部でひろがっていて、とくに小泉総理は「待機児童ゼロ作戦」を気に入ってその後選挙の街頭演説のキャッチコピーなどに度々使っていました。しかし当時男性の国会議員にはまだ「男が育児休業をとるなんて！」という感じでした。それでも当時厚生労働省内部に女性にもっと積極的な働きを求める研究会ができたとき、仮称は「女性活用研究会」というものでした。メンバーの経営者（当時の資生堂会長・福原義春氏）から「女性を活用するなんて失礼だ。主体的に活躍できる環境を整える。そうでなければ会社の発展にもつながらない」という意見が出て、以来「女性活躍」という用語が定着しました。国際的競争場裡でたたから経営者が、この頃から変わりはじめたように思います。

グローバルということの影響はプラス・マイナスあるでしょうが、多様性を重視し、人種、国籍、性別、年齢、障がいの有無などの違いを超えて、それぞれの能力を生かし合い、新しい創造に向かい、よりよい変化を遂げる。D＆I――〝ダイバーシティ（多様性）とインクルージョン（包摂性）〟といえばまさに時代のキーワードであり、戦争の世紀を経てたどりついた国連のさまざまな条約、憲章などの文書とも一致します。国連が今後二〇三〇年までの活動目標として掲げたＳＤＧｓ（Sustainable Development Goals）「だれ一人置き去りにしない社会へ」とも一致します。現実はこれらの理念とちぐはぐなものがありますが、少なくともことばによる理念としてここにたどり着けたことを、私は大切にしたいと思います。

思いを声に出して共有する人々が増えれば、それが変化する環境に対応するものであれば固く凍ったような現実も必ず動きます。キャリントンさんが「ここは外国かしらと目を疑った」日本のパパの育児参加も、女たちの無意識のストライキの結果というべき少子化や、労働力不足がもたらしたものでした。何よりも女性たちが、家庭を持つ喜びと同時に、憲法二七条に保障された「勤労の権利」、働くことで社会参加し自立する、という、ごくあたりまえの生き方への願いが一致するところがあったからではないでしょうか。

介護が変わる、企業が変わる

企業も変わりつつあります。本書の中でもご紹介しましたが、企業は多様性を認める組織のほうが従業員の士気も能率も上がることに気づきました。地域の中で、その企業だけに固まらず、地域の人たちと協同して価値観を共有しようという動きが出ています。

災害対策を共同で行ったり、ダイバーシティの名のもとに、大企業ではこのところ進展した女性活躍のノウハウを示したり。介護離職ゼロをめざす企業内の広報活動なども、ぜひ地域の中小企業と共有してほしいと思います。

女性の就労の場での活躍も、二〇一五年八月二十八日に女性活躍推進法ができて、もうそれほどあと戻りはしないだろう、というところまで来ました。しかし、若い世代の女性の「専業主婦」志向も根強いものがあります。このあたりが変化するには、ほんとうに「働き方」が見直されて、男性の家庭参加が確立しなければなりません。若い女性、男性にこそ、自分の「人生一〇〇年」を大切にして、周りの人の人生一〇〇年も大切にして生活設計を立ててほしいと願っています。

介護という営みは、一面から見ると「重さ」との戦いです。女性職員の多い介護施設ではとくに、ハイテク・ロボットを駆使して介護の負担を減らそうという企業の動きに期待したいと思います。高齢社会をよくする女性の会会員の吉井敦子さん（鹿児島県南さつま市・加世田アルテンハイム理事長）はロボット導入で賞を受けました。

だから、人生を投げないで大切にしましょう。この世に希望を失わないでください。問題を見つけ、それを意識し、解決しようと声を上げる人がいる限り。だれかの役に立ちたい、と思う人がいる限り、長い目で見れば社会は確実に変わっていきます。

五〇年単位というと長すぎると思われるかもしれませんが、人生一〇〇年です。変化のほとんどをおとなとして見つめ、かかわることができるのです。こんなに生きる手応えのある時代の初代として、私たちは存在しています。

最近、人口五万人の小都市に講演に招かれて出かけました。送迎の担当者は四十代と思われる市役所の女性主任。「介護離職」問題にも触れた私の話を聞いた帰り道、自分の経験を語ってくれました。

何とこの方も介護中。八十代の義母が認知症で、介護を担当していた義父が思いがけず急逝され、デイサービスをフルに使って勤務を続けている。義母は夫が亡くなったことも認識があやふやな状態で、デイサービス終了後は、この主任の実家の家族が看ています。だから彼女は、仕事が終わると実家へ直行、義母をひきとり帰宅。共働きの夫君と大学生、高校生の五人家族ですが、父方、母方挙げての協力体制です。

「上司はじめ職場の人たちが理解してくれて助かっています」「社会の雰囲気がこういうときの就労継続を支えてくれるようになりました」

下の子の大学受験も間近、という主任さんの表情は明るく輝いていました。わが子の未来に希望を持って語る親の顔は、疲れを見せず輝いています。子どもたちも、親の努力に応えて、自分の人生の足場を固めるでしょう。ようやくここまできました。この良循環が続くとき、日本社会は明るい光に包まれるでしょう。そして経済成長が仮に低くなってもおたがいが力を出し合って社会を支える「長寿大国にっぽん」として世界へ光を放っていくことでしょう。

介護離職のない社会をめざすことは、結果として日本が直面する長寿社会・少子高齢社会の問題に多面的に出合います。その一つ一つを丁寧に解決することによって、日本は長寿がもたらした新たな問題を乗り切り、やがて世界の国々が直面する長寿社会に、一つのモデルを提供することができます。

まず、ファミレス社会（家族がいない、少ない社会）がいよいよ明確になる中で介護需要が増大します。家族がもつ要介護者への力は大へん大きなものがありますが、直接の介護に当たる他人の比率はますます高くなります。

若い世代の福祉参加——ドイツの例

高齢者も他人の介護を受け入れる心の準備が必要です。定年退職者、中高年の求職者に介護の仕事に就いてもらえるよう、研修や資格制度など整える必要があります。

介護の仕事に限ったことではありませんが、スウェーデンは、就業研修のための奨学金制度を五十五歳まで延長しました。人生一〇〇年時代に備えて、五十歳前後から新しい分野への転身への道をより広くした、ということです。

高齢者施設では若い労働力を中心に求人しますが、介護される側は、社会の縮図のよう な、いろいろな人がいてくれたほうがよい、という声もあります。五十歳からスタートしても七十歳まで、正規雇用者として働けば二〇年。年金や貯蓄かなり増えるのではないでしょうか。

若い力はもちろん必要です。かつて徴兵制度があったドイツでは、銃を握る訓練は受けたくないという若者に、同じ期間福祉施設での労働を課して代替できる制度がありました。二〇〇九年には九万人にのぼり、兵役従事者を大きく上回っていました(兵役選択は約二割)。その期間は生涯の進路を考える猶予期間ともなり、私はドイツで「そのおかげで福祉の仕事をライフワークにした」という人に出会ったことがあります。二〇一一年、ドイツは徴兵制度を廃止しました。ドイツ政府は、その代替に「連邦ボランティア役務」という新制度を導入、義務教育修了後の男女を対象に約一年のボランティア制度(年に三万五〇〇〇人)

を予定しています。

今、日本では、経済的に恵まれない家庭の子どもが進学できるよう、経済的支援策が緊急の政策課題に上がっています。勉学にさしつかえないよう工夫して、一定期間の介護労働の見返りとして、有利な奨学金の支給があってよいと思います。介護を生涯の仕事として選ぼうと選ぶまいと、若い一時期に人生のラストステージの人々と接しておくことは大きな宝になることでしょう。

日本の福祉予算は、確かに子どもより高齢者に偏っていました。子どもを大切にすることは大切です。一方で、他の先進国に比べて青少年が他世代を支える福祉的ボランティアをする機会が、とても少ないのではないでしょうか。

再就職窓口の設置

介護離職はゼロが理想ですが、個々の家庭と職場の事情、症状のちがいによって、完全にゼロとはいかないでしょう。やむなく仕事を離れた多世代の職業人生が、ここで一巻の終わりとならない対策が必要です。

中年からの新たな研修と同時に、常設の再就職あっせん窓口が必要です。その中に「介護経験」がプラスに評価される仕組みもほしいです。福祉産業でなくても、小売、交通などほとんどあらゆる産業の顧客の三割以上。やがて四割が高齢者になっていくのですから。

身寄りのない人の成年後見

現在問題だと言われてもなかなか解決策が普及しないのが成年後見制度です。介護保険法成立に合わせて民法が改正され、新しく成年後見制度が発足しました。必要なことですが手続きが家庭裁判所を通す必要があること、費用がかかることなどから普及はあまり進まず、二〇一一年末現在で二〇万三五五一人程度の利用にとどまっています。

自治体による権利擁護制度は身近なものではありますが、家族の少ないファミレス社会だというのに今も病院入院に身内の保証人が必要だったりします。金融機関から自分のお金をおろすにも「本人確認」が必要とされることが多いので、足腰が悪くなったら自分のお金も自由におろせません。タンス預金にすれば、詐欺に遭ったりします。家族のない高齢者、それほどの財産でなくても本人にとって虎の子の貯蓄。それを安全に守る仕組みが必要です。

介護のあり方から終末期医療・葬儀のあり方まで、生前契約で後見人的役割を果たす企業も増えてきました。しかし倒産した企業もあり、消費者行政の対応はまだこれからです。国も自治体もその重要な役割は「国民・住民の生命財産を守る」ことにあります。とはいえ、これまでの高齢者の生命財産は、家族の中にいて主として子ども家族によって守られてきました。女性の年寄りは、ただ扶養、保護されるだけで自分自身の財産をもつ例は少なかったと思われます。

しかし今や、ファミレス社会。ささやかながらも自分自身の年金と貯蓄を死ぬまで守りたい、自分の思うとおりに使いたいと思うのは当然でしょう。家族がいなければ、その財産を守るのは国や自治体の役目です。

早急に、一定低額の料金で、高齢者の財産を守る制度をつくってほしいです。高齢者がいろんな詐欺で最後の財産をむしり取られる危険を最小にする政策をすすめてください。

「周死期学会」のすすめ

川嶋辰彦先生（学習院大学経済学部名誉教授）は、かねてから「周死期学」を提唱されています。人間の命の出発点である出産に関しては、周産期というとらえ方があって、妊娠中の健康から出産までは産婦人科医、出産後は小児科医が加わり、マタニティーブルーなど精神面のサポートは精神科医。病院、産院、保健所、家族などいろいろな人がかかわります。

人間の命の終わりにも、もっと大勢の人がかかわり協力し合ってもいいのではないか、というのが川嶋教授の提案です。

看取りを支える医師、看護師など医療関係者が、最後の医療はどうあってほしいか。精神科医、宗教家、墓苑や葬祭事業者も含めて考えること、それはきっと日本人にとって死を人とのつながりに据え直す意味を持つのではないかと私も思います。

仮に家族は少なくても、死に向かって多くの人々とかかわり、見守られ、周囲の人々に命のバトンを渡した手応えとともに逝く。それもこういう時代に迎える、豊かな命の終わり方ではないでしょうか。

他人同士も支え合う、新たな地域

くり返すようですが、ファミレス社会です。ダーウィンが言うように、生き残るためには変わらなければなりません。変化の最大のポイントは、血縁や家族でない人とどう支え合うことができるか、です。もちろん家族が大切なことは言うまでもありませんし、基本的に家族のきずなは深いものでしょう。ただそれ以外の人とも「親戚づき合い」ぐらいの気持ちで支え合わないと、今後の世の中は持続できません。どんな関係で支え合うのがよいか、多様性の中で試行錯誤が続くでしょうが、やはり地域が基本になると思います。大変な、史上空前の難題です。しかし、血縁や家族でなければ支え合わない社会と、家族でなくても支え合う社会と、どちらがよい社会かと聞かれたら、私は後者と答えるでしょう。いや応なく他人も支え合う。私たちはよい時代を生きているのです。

というふうに考えてみると、「介護離職」のない社会をめざすことは、さまざまな未来の現実につながってきます。一つのことから、たくさんの未来が見えてきます。

歩いて買い物　近くに仲間
ちょっと稼げる仕事があって
できることなら人助け
共に語らい　共に食《は》む
こんな地域で　私は老いたい

前人未到の「一〇〇年ライフ時代」に向けて、「介護離職を防ぐ」という一つの問題に立ち向かいながら希望と仲間を道づれに、歩み続けようではありませんか。

おわりに

長い間の企画、取材、執筆期間を経て、ようやく『その介護離職、おまちなさい』という一冊の本をお届けする日がやってきました。

この日を迎えることができたのは、執筆者である私の力ではなく、すべて出版社の担当者、編集者の方々のおかげです。ここ数年、高齢ということもあり体力、能力の弱った私に、残っていたのは何よりも、この問題だけは発言しておきたい、言わずには死んでも死にきれない、という心からの願いだけでした。

「介護離職」は、母子家庭の母であった私が、四十代半ばで直面した問題でした。文筆業という自由業ではありましたが、仕事が継続できるかどうか崖っぷちに立った思いでした。私の母には治療を要する病気があったにもかかわらず、「母親を家で看ないで病院に放り込んだ」と、味方と思った人たちからさえ非難されました。あのときの孤立無援の思いは今も忘れられません。生涯のテーマの一つとなりました。「仕事ができなくなるかも」という首筋が冷たくなるような恐怖はいまだに思い新たです。

時代の変化とともに、「ワークライフバランス」「イクメン」「イクボス」の奨励、「介護離職ゼロ作戦」の政策化、「育児・介護休業法」の改正など情勢は一見追い風です。しかし、ほとんどの働く人々が親の介護に直面するのは、まさにこれからです。本人、家族、地域、制度、企業、住民あげての全員参画の総力戦。この本はその多くのアクターに向けた応援歌であり、処方箋です。

潮出版社の皆様、こんなに仕上がりが遅くなったのに、企画を生かして待っていただいてありがとうございました。最初の担当者の佐藤遼平さん、現担当者の田中正文さんに心より御礼申し上げます。

そして編集を担当して下さった編集工房球の針谷順子さん。もうこの方には生涯足を向けて寝ないことに決めております。

また、老いにかまけてとかく怠けたがる私を叱咤激励し、ここまで伴走してくれた助手の河野澄子さん、佐藤千里さんにも感謝を捧げます。

時間の経過とともに、ありがたいことに「介護離職」防止が、日本の超高齢社会解決のカギであること、すべての人が志を果たし、社会の一員として働く、仕事と介護の両立こそ未来社会の柱だということが明らかになってきました。苦労も歓びも分かち合い、希望の一〇〇年ライフ時代になるよう心から祈っています。

二〇一七年九月

樋口恵子

樋口恵子　ひぐち・けいこ

一九三二年東京都生まれ。東京大学文学部美学美術史学科卒業。時事通信社、学研、キヤノンを経て評論活動を行う。東京家政大学名誉教授・女性未来研究所所長、ＮＰＯ法人「高齢社会をよくする女性の会」理事長、厚労省社会保障審議会委員などを歴任。著書に『大介護時代を生きる』『人生の終い方』『おひとりシニアのよろず人生相談』など多数。

潮新書 010

その介護離職、おまちなさい

2017年　10月20日　初版発行

著　者｜　樋口恵子
発行者｜　南　晋三
発行所｜　株式会社潮出版社
〒102-8110
東京都千代田区一番町6　一番町SQUARE
電話　■ 03-3230-0781（編集）
　　　■ 03-3230-0741（営業）
振替口座 ■ 00150-5-61090

印刷・製本｜　株式会社暁印刷
ブックデザイン｜　Malpu Design

ISBN978-4-267-021077